Neues Archiv für Niedersachsen
II/2017

Klein- und Mittelstädte

WACHHOLTZ
MURMANN PUBLISHERS

Inhalt

Neues Archiv für Niedersachsen II/2017

Klein- und Mittelstädte

4	Editorial (Rainer Danielzyk, Axel Priebs)
7	Interview mit Mnisterin Birgit Honé	Ländliche Räume brauchen die Strahlkraft ihrer Klein- und Mittelstädte
11	R. Danielzyk	Klein- und Mittelstädte als Ankerpunkte in ländlichen Räumen - Definitionen, Funktionen, Strategien
16	K. Becker, Bürgermeister der Stadt Osterode am Harz	Die Bedeutung von Klein- und Mittelstädten für ländliche Räume
18	A. Priebs	Klein- und Mittelstädte – Leistungsträger der Regionalentwicklung
32	H. Onkes, Bürgermeister der Stadt Nienburg	Nienburg – Stadt in der Region
34	C. Kuthe	Bauliche, funktionale und gestalterische Aufwertung der Stadt- und Ortszentren – Die Arbeitsergebnisse und Handlungsempfehlungen des Zukunftsforums für die Gestaltung der Stadt- und Ortszentren im demografischen Wandel
48	H. Spöring, Bürgermeisterin der Stadt Walsrode	Walsrode – Mittelzentrum im südlichen Heidekreis
50	H.-U. Jung	Klein- und Mittelstädte als Wirtschaftsstandorte in den ländlichen Räumen von Niedersachsen
81	A. Weber, Bürgermeister der Stadt Rotenburg (Wümme)	Rotenburg (Wümme) – Mittelzentrum im Dreieck zwischen Bremen, Hamburg und Hannover
83	K. Mensing	Zukunftsfonds Ortskernentwicklung Landkreis Osnabrück – ein innovatives Instrument zur Stärkung der Zentren
95	H. Gels, Bürgermeister der Stadt Vechta	Bedeutung Vechtas für das Umland: Dienstleister für die Region
96	S. Baumgart	Die bauliche Gestaltung von Klein- und Mittelstädten
111	H. Scholz, Staatssekretär, vormals Hauptgeschäftsführer des Niedersächsischen Städtetages e. V.	Gerade der ländliche Raum braucht Zentren
113	J. Hoffmann/ P. Dehne	Kleinstadtgeschichten 2030 – Das normative, narrative Szenario als Methode der Kleinstadtplanung
125	T. und L. Eichhorn	Die Entwicklung von Klein- und Mittelstädten am Beispiel der Kreisstädte
131	Thesen zum Abschluss der Loccum-Tagung 2016

Beitrag außerhalb des Themenschwerpunktes

133	K. Bizer/ T. Proeger	Zur Institutionalisierung von Wissensspillovern zwischen Unternehmen und Hochschulen in Südniedersachsen
142	Autorinnen und Autoren

Editorial

Das Land Niedersachsen wird in weiten Teilen durch ländliche Räume geprägt. Damit werden dann zum Beispiel Merkmale wie eine große sozioökonomische Bedeutung und Sichtbarkeit der Land- und Forstwirtschaft, »typische« Bilder nordwestdeutscher Kulturlandschaften und unterschiedliche Dorfformen als vorherrschende Siedlungsweise assoziiert. Bei dieser Betrachtungsweise kommt viel zu kurz, dass Klein- und Mittelstädte wichtige Elemente der ländlichen Regionen sind: Als Siedlungstyp, als funktionale Knotenpunkte (Zentren) und als Form der Vergesellschaftung zwischen Stadt und Land. Gerade die Daseinsvorsorge wäre ohne die Bündelung in kleineren und mittleren Zentren nicht zu gewährleisten. Daher sind diese Klein- und Mittelstädte als elementare Bestandteile der ländlichen Regionen zu sehen, die für die wirtschaftliche Leistungsfähigkeit wie die Lebensqualität gleichermaßen bedeutsam sind. (Klein-)Stadt und Land sind daher als Einheit zu sehen, eine polarisierte Betrachtung (Stadt vs. Land), wie sie durchaus gelegentlich politisch formuliert wird, wird der Sachlage nicht gerecht.

Für die Vitalität ländlicher Regionen, die in vielen Teilen Niedersachsens in erfreulicher Weise gegeben ist, ist das funktionierende Zusammenspiel von Klein- und Mittelstädten mit den umgebenden ländlichen Siedlungen von elementarer Bedeutung. In schrumpfenden bzw. nicht weiter wachsenden ländlichen Teilräumen sind Klein- und Mittelstädte wichtige »Ankerpunkte« zum Erhalt der relevanten Infrastrukturen. In anderen, gerade auch prosperierenden ländlichen Regionen sind kleine und mittlere urbane Zentren wichtige Faktoren für den Erhalt und die Förderung sozialer, kultureller und wirtschaftlicher Vielfalt, als Standorte von wichtigen Bildungseinrichtungen und ggf. auch für den anwendungsnahen Austausch von Wirtschaft und Wissenschaft. Gerade für junge Menschen und hochqualifizierte Arbeitskräfte ist in ländlichen Regionen die Nähe zu einem Ansatz von Urbanität ein wichtiger Attraktionsfaktor.

Aus allen diesen Gründen ist es besonders wichtig, dass Klein- und Mittelstädte aus »ihrer« Region gut erreichbar und zugleich gut mit anderen

Zentren verknüpft sind. Es ist eine triviale Aussage, dass höherrangige und vielfältige Infrastrukturen nicht an jedem Ort vorhanden sein können, aber sie müssen auch für die Bewohnerinnen und Bewohner der ländlichen Siedlungen gut erreichbar sein. In Niedersachsen ist dabei von Vorteil, dass das Netz der Klein- und Mittelstädte in den ländlichen Regionen durchaus dichter geknüpft ist als in vielen anderen Teilen Europas, sodass in der Regel das nächste Zentrum auch aus dünner besiedelten Räumen nicht allzu weit entfernt ist.

Die wichtige Funktion der Klein- und Mittelstädte für die ländlichen Regionen in Niedersachsen war in den Jahren 2015/16 ein besonderer Schwerpunkt der Arbeit des Zukunftsforums Niedersachsen, das die Landesregierung zur aktiven Gestaltung des demografischen Wandels eingesetzt hat. Zum Ende dieser Arbeitsperiode fand im November 2016 in Kooperation mit der Ev. Akademie Loccum und dem Institut für Umweltplanung der Leibniz Universität Hannover eine Tagung in Loccum statt, die aus raumwissenschaftlicher, kommunalpolitischer und planungspraktischer Sicht den vorhandenen Diskussionstand darstellen und Perspektiven für die Zukunft aufzeigen sollte. Wichtige Ziele sowohl der genannten Arbeitsperiode des Zukunftsforums als auch der Tagung waren, der Rolle der Klein- und Mittelstädte für die Entwicklung ländlicher Regionen stärkere Aufmerksamkeit zu geben, gute Beispiele herauszustellen und Anregungen für zukunftsorientierte Planung, Förderung und Politik zu geben.

Die Beiträge dieses Hefts sind zum überwiegenden Teil im Zusammenhang mit dieser Tagung entstanden und danach ggf. aktualisiert und überarbeitet worden. Mit den Beiträgen wird vor allem das Ziel verfolgt, die Rolle der Klein- und Mittelstädte für die Landes- und Regionalentwicklung, insbesondere für die ländlichen Räume Niedersachsens, unter verschiedenen Blickwinkeln zu beleuchten und ihre Funktion als Leistungsträger herauszuarbeiten.

Zu Beginn des Hefts steht ein Interview, das wir mit Ministerin Birgit Honé, geführt haben. Sie ist nicht nur für Landesentwicklung und Regionalpolitik zuständig, sondern hat die erwähnte Tagung in Loccum sehr unterstützt und sich dort auch klar und programmatisch zur Bedeutung der Klein- und Mittelstädte positioniert.

In unseren beiden einleitenden Aufsätzen stellen wir das Thema in den Kontext der aktuellen raumwissenschaftlichen Diskussion und präsentieren einige der guten Beispiele, die seitens des Zukunftsforums an die Landesregierung herangetragen wurden.

Mit der (städte)baulichen Gestaltung der Klein- und Mittelstädte befassen sich Christian Kuthe, im Niedersächsischen Umwelt- und Bauministerium zuständiger Referatsleiter für Städtebau, sowie Sabine Baumgart, Professorin an der Fakultät Raumplanung der TU Dortmund. Während Christian Kuthe gute Beispiele baulicher, funktionaler und gestalterischer Entwicklung der Stadt- und Ortszentren mit den Handlungsempfehlungen des Zukunftsforums präsentiert, stellt Sabine Baumgart, aufbauend auf ihrer Forschungs- und Beratungstätigkeit, die Potenziale städtebaulicher Instrumente in den Mittelpunkt.

Hans-Ulrich Jung, Wirtschaftsgeograf und Regionalforscher im CIMA-Institut für Regionalwirtschaft, beleuchtet die ökonomische Rolle der Klein- und Mittelstädte in den ländlichen Räumen Niedersachsens und formuliert Konsequenzen für die regionale Entwicklungspolitik. Klaus Mensing, Inhaber des Beratungsbüros CONVENT-Mensing in Hamburg, berichtet aus dem Projekt des Landkreises Osnabrück zur Stärkung der Ortsmitten, das er konzeptionell und planerisch seit mehreren Jahren begleitet.

Jens Hoffmann und Peter Dehne (Hochschule Neubrandenburg) berichten aus den Arbeiten im Forschungsfeld »Potenziale von Kleinstädten in peripheren Lagen«, das im Rahmen des Experimentellen Wohnungs- und Städtebaus (EXWoSt) vom Bundesbauministerium und dem Bundesinstitut für Bau-, Stadt- und Raumforschung (BBSR) unterstützt und finanziert wird. Sie konzentrieren sich dabei auf einen speziellen methodischen Ansatz, der für die acht ausgewählten Modellvorhaben realisiert wurde: Auf Szenario-Prozesse als wichtiges Instrument einer kooperativen Entwicklung von Kleinstädten, wobei besonders die Interessen und Beiträge von Jugendlichen zur Geltung kommen sollen.

Tanja und Lothar Eichhorn sind spezialisiert auf regionalstatistische Analysen und vergleichen die Bevölkerungsentwicklung der 36 niedersächsischen Kreisstädte als eine Kerngruppe der Klein- und Mittelstädte seit 1990. Ergänzt werden diese wissenschaftlichen und planungspraktischen Beiträge durch die Statements von sechs kommunalen Akteuren. Neben dem früheren Hauptgeschäftsführer des Niedersächsischen Städtetages, Staatssekretär Heiger Scholz, kommen die Bürgermeisterin der Stadt Walsrode und die Bürgermeister der Städte Nienburg, Osterode am Harz, Rotenburg (Wümme) und Vechta zu Wort und stellen die Bedeutung ihrer Städte für ihr ländliches Umland dar. Diese Statements zeigen eindrücklich die Verantwortung, die seitens der Städte in den ländlichen Räumen übernommen wird, aber auch die funktionale Vielfalt und das durchgängig starke kommunale Engagement, das die Entwicklung der Klein- und Mittelstädte in Niedersachsen prägt.

Rainer Danielzyk, Axel Priebs

Ländliche Räume brauchen die Strahlkraft ihrer Klein- und Mittelstädte

Interview mit der Niedersächsischen Ministerin für Bundes- und Europaangelegenheiten und Regionale Entwicklung, Birgit Honé

Neues Archiv: Frau Ministerin, welche Eindrücke haben Sie von der Tagung in Loccum mitgenommen?

Ich bin mit vielen neuen Anregungen und Ideen zurückgekommen. Es gab nicht nur interessante Vorträge und Diskussionen, sondern durch die angenehme Tagungsatmosphäre in Loccum auch die Möglichkeit zu vertiefenden Gesprächen. Dabei ist die Notwendigkeit deutlich geworden, intensiv daran zu arbeiten, landesweit starke Klein- und Mittelstädte zu haben. Das geht nur miteinander! Übertriebene Konkurrenzen der Städte untereinander sowie zwischen den Städten und ihren Nachbarkommunen müssen überwunden werden. Aber wie so oft gilt auch in diesem Fall: Patentlösungen gibt es nicht, denn Niedersachsen ist ein vielfältiges Land. Da ist die Situation in den Teilräumen sehr unterschiedlich.

Neues Archiv: Wo sehen Sie denn persönlich die Qualität kleiner und mittlerer Städte?

Für mich ist die überschaubare Größe dieser Städte das Entscheidende. Alles ist in Fahrradentfernung erreichbar und es gibt ein städtisches Versorgungsangebot. Trotzdem kommt man schnell ins Grüne. Die Stadtgröße sorgt für eine gewisse Anonymität, gleichzeitig kennt man viele Menschen persönlich und in der Regel gibt es noch bezahlbaren Wohnraum. Auch für ehrenamtliche Arbeit sind die Rahmenbedingungen gut: man kann noch persönlich Einfluss nehmen und hat mehr unmittelbare Gestaltungsmöglichkeiten als in der Großstadt. Insgesamt bieten gerade diese Städte eine hohe Lebensqualität.

Neues Archiv: Lassen Sie uns jetzt einmal aus dem Blickwinkel der Landesentwicklung auf die Klein- und Mittelstädte schauen. Welche Rolle spielen sie denn für die Entwicklung der Regionen?

Gerade die kleinen und mittleren Städte in den ländlichen Räumen haben eine tragende Rolle für die Regionalentwicklung. Etwas zugespitzt möchte ich es so ausdrücken: Ohne gut aufgestellte städtische Zentren ist eine Zukunft der ländlichen Räume nicht denkbar! Sie sind Kristallisationspunkte der Daseinsvorsorge – ich nenne dafür mal beispielhaft die Kulturangebote, die medizinische Versorgung und das breite Handelsangebot in diesen Städten. Aber zu ihrer Attraktivität gehört natürlich auch, dass man dort bummeln kann und dass es Orte zum Verweilen gibt, ich denke da etwa an das Eiscafé in der Fußgängerzone oder den Stadtpark.

Neues Archiv: Trotz dieser Bedeutung ist gerade das Verhältnis der Klein- und Mittelstädte zu ihren Nachbargemeinden ja nicht immer spannungsfrei. Wie sehen Sie das?

Ich sehe da vor allem eine enge gegenseitige Abhängigkeit. Lebensqualität und Attraktivität einer Region sind in hohem Maß von der Ausstattung und der Strahlkraft ihrer Städte abhängig. Gerade im Wettbewerb der ländlichen Räume um junge Leute bieten die Klein- und Mittelstädte ideale Voraussetzungen für eine gute Work-Life-Balance. Aber natürlich profitieren auch die Städte von der ländlichen Nachbarschaft und müssen sich als Dienstleister für die Region sehen.

Neues Archiv: Wir haben aber auch die Befürchtung gehört, eine Förderung der Klein- und Mittelstädte sei wieder nur eine Unterstützung der Städte und eine erneute Benachteiligung ländlicher Räume. Ist da etwas dran?

Im Gegenteil: Die kleinen und mittleren Städte sind doch Teile der ländlichen Räume, die Städte und ihre Nachbarn sind aufeinander angewiesen. Wir müssen die Region als Ganzes denken und dürfen nicht kleinteilige Konkurrenzen nach vorne schieben. Die Landesregierung arbeitet daran, diese Sichtweise, also die gemeinsame Verantwortung für die Region, in den Vordergrund zu stellen. Hier freue ich mich über jede Unterstützung aller Beteiligten.

Neues Archiv: Anlass für die Ausrichtung der Loccum-Tagung war ja der zweite Bericht des Zukunftsforums mit Empfehlungen an die Landesregierung. Gab es unter den vielen Praxisbeispielen solche, die Sie besonders beeindruckt haben?

Der gesamte Bericht ist sehr interessant und ich werde häufig im Lande darauf angesprochen. Einige Beispiele haben bei mir aber besonderen Eindruck hinterlassen. So etwa der Ansatz der Stadt Verden, mit breiter Beteiligung ein Zukunftskonzept und dazu noch ein Wachstumskonzept für die Innenstadt auf die Beine zu stellen. Besonders interessant finde ich auch das Zukunftsstadt-Projekt der Stadt Lingen, weil dort die Fahrradfreundlichkeit einen zentralen Schwerpunkt hat. Toll finde ich, dass die Stadt Vechta seit vielen Jahren den Bücherfrühling unterstützt. Und als besonders zukunftsorientiert sehe ich das Onlinecity-Konzept der Stadt Wolfenbüttel, weil es zeigt, dass die Klein- und Mittelstädte Möglichkeiten haben, selbst eine Alternative zu den großen Internet-Händlern anzubieten. Darüber hinaus war auch ein Beispiel aus Schleswig-Holstein für mich anregend: nämlich die interkommunale Kooperation im Wirtschaftsraum Rendsburg, wo sich die Umlandgemeinden an der Sanierung des Gymnasiums von Rendsburg beteiligt haben.

Neues Archiv: **Wie stellt sich aus Ihrer Sicht gegenwärtig die Förderung der kleinen und mittleren Städte in Niedersachsen dar und welche Entwicklungsmöglichkeiten können Sie sich vorstellen?**

Zunächst einmal lassen Sie mich sagen, dass wir in dieser Förderperiode die Situation haben, dass wir uns für den Bereich ländliche Entwicklung rund 320 Mio. Euro an EU-Mitteln zur Verfügung stehen. Das sind 55 % mehr Mittel als in der alten EU-Förderperiode (2007–2013) und damit so viel wie nie zuvor. Das freut uns sehr. Aber auch hier könnte mit Blick auf die nächste Förderperiode manches verbessert werden. So sind etwa bei LEADER Kommunen mit mehr als 10 000 Einwohnern nicht förderfähig. Das ist aus meiner Sicht eine unsinnige Ausgrenzung dieser wichtigen Ankerpunkte in ländlichen Räumen. Darüber hinaus ist bei vielen Kommunen immer wieder die Sicherstellung der Kofinanzierung ein Problem, gerade für finanzschwächere Kommunen. Zwar gewähren wir bereits Unterstützung in Form von Kofinanzierungshilfen. Aber auch hier sind weitere Verbesserungen vorstellbar. Unsere Absicht und insbesondere Aufgabe der Ämter für regionale Landesentwicklung ist es, unsere Regionen bei ihrer Entwicklung zu unterstützen. Da gehören eben immer auch die Klein- und Mittelstädte dazu. Besonders liegt mir am Herzen, gemeinschaftlich erarbeitete Zukunftskonzepte zu fördern. Das wäre auch ein Beitrag, die strategischen Kompetenzen dieser Städte zu stärken, die längst nicht immer im wünschenswerten Maße gegeben sind. Hierfür ist auch die Verstärkung von planerischem Fachpersonal in den Kommunen bedeutsam. Ein gutes Beispiel ist aus meiner Sicht die Entwicklungspartnerschaft Braunlage. Hier erproben wir aktuell neue Instrumente für eine nachhaltige Stärkung der Kommune.

Neues Archiv: Zum Abschluss noch die Frage aus der Sicht der Wissenschaft. Wo sehen Sie mögliche Beiträge der Stadt- und Regionalforschung im Hinblick auf die Stärkung der Klein- und Mittelstädte, insbesondere der Mittelzentren?

Die Landesregierung braucht zur Qualifizierung der regionalen Entwicklungsarbeit die Unterstützung und insbesondere die Anregungen aus der Wissenschaft. Daher ist wissenschaftliche Kompetenz zur Stadt- und Regionalentwicklung an den niedersächsischen Hochschulen unverzichtbar. Mein Eindruck ist, dass es in Niedersachsen und darüber hinaus eine breite Forschungstätigkeit und umfangreiche Erkenntnisse zur Entwicklung von Stadt- und Metropolregionen gibt. Ebenso gibt es auch vielfältige Studien zu den ländlichen Räumen im Allgemeinen. Aber speziell zu Klein- und Mittelstädten sind mir kaum wissenschaftliche Arbeiten bekannt, weshalb wir uns freuen würden, wenn Wissenschaft in diese Richtung aktiver würde.

Neues Archiv: Frau Ministerin, wir danken Ihnen für das Gespräch!

Das Interview führten Prof. Dr. Rainer Danielzyk und Prof. Dr. Axel Priebs

Klein- und Mittelstädte als Ankerpunkte in ländlichen Räumen – Definitionen, Funktionen, Strategien

Rainer Danielzyk

In diesem kurzen Beitrag soll zunächst auf die Definition von Klein- und Mittelstädten in ländlichen Räumen eingegangen und Ausführungen zu ihren Funktionen gemacht werden. Im Anschluss werden dann einige strategisch-konzeptionelle Überlegungen vorgetragen.

Definitionen

Es gibt keine amtlich verbindliche Definition von Klein- und Mittelstädten, gemeinhin wird aber der in der empirischen Regionalforschung weit verbreiteten Definition des Bundesinstituts für Bau-, Stadt- und Raumforschung (BBSR) gefolgt. Danach haben kleine Kleinstädte 5–10 000 Einwohner, größere Kleinstädte 10–20 000 Einwohner, kleinere Mittelstädte 20–50 000 Einwohner und größere Mittelstädte mehr als 50 000 Einwohner. Die absoluten Einwohnerzahlen sagen natürlich noch nichts über die Funktion der jeweiligen Stadt aus, d. h. inwieweit sie etwa zentralörtliche Bedeutung für ein größeres Umland hat. So kann eine Kleinstadt mit 15 000 Einwohnern im dünn besiedelten peripheren Raum eine sehr wichtige zentralörtliche Funktion haben, wohingegen eine gleichgroße Gemeinde in einer Stadtregion nahezu ausschließlich dem suburbanen Wohnen dienen kann. Legt man die gerade genannte Definition zugrunde, dann leben immerhin ca. ein Drittel der deutschen Bevölkerung in Kleinstädten und weitere 28 % in Mittelstädten, d. h. also die Hälfte der deutschen Bevölkerung lebt in dem hier im Mittelpunkt stehenden Stadttyp (vgl. BBSR 2012). Mit diesen Angaben ist aber noch nichts über die konkrete Dynamik der Klein- und Mittelstädte ausgesagt. Festhalten lässt sich, dass 37 % der Mittel- und 52 % der Kleinstädte im letzten Jahrzehnt bevölkerungsmäßig geschrumpft sind (BBSR 2017). Viele Klein- und Mittelstädte sind auch von der in Deutschland außerhalb der großstädtischen Zentren stark ausgeprägten Alterung der Bevölkerung erfasst. Allerdings kommt es hier bei strategischen Überlegungen zur Stadtentwicklung selbstverständlich immer auf die Betrachtung des konkreten Einzelfalls an.

Noch problematischer als die Kategorie Klein- und Mittelstädte ist die Definition ländlicher Räume. Zweifellos gibt es *den* ländlichen

Raum nicht mehr, stattdessen ist adäquat immer von »ländlichen Räumen« zu sprechen. Die Entwicklungsmuster ländlicher Räume haben sich in den letzten Jahrzehnten sehr ausdifferenziert: Es gibt nach wie vor viele strukturschwache, dünn besiedelte, von Schrumpfung geprägte und infrastrukturell »periphere« Räume mit großen Strukturproblemen, die in Medien und Politik – zuletzt auch als »abgehängte Regionen« – große Aufmerksamkeit finden. Auf der anderen Seite gibt es inzwischen eine Vielzahl von Beispielen erfolgreicher ländlicher Räume, die durch eine intensive Agrarwirtschaft, wachsenden Tourismus oder ein breites Spektrum von industriellen Klein- und Mittelbetrieben geprägt sind und eine positive Dynamik aufweisen. Insofern macht es weder analytisch noch entwicklungsstrategisch Sinn, von *dem* ländlichen Raum zu sprechen. Allerdings ist es in der Regionalforschung bislang nicht gelungen, eine überzeugende und gar öffentlichkeitswirksame Typisierung unterschiedlicher Entwicklungsmuster ländlicher Räume zu erarbeiten. Das BBSR definiert städtische und ländliche Räume anhand siedlungsstruktureller Kriterien und weist hier vier unterschiedliche Kreistypen aus: Kreisfreie Großstädte, städtische Kreise, ländliche Kreise mit Verdichtungsansätzen und dünn besiedelte ländliche Kreise, wobei die beiden letzten Typen zu den ländlichen Räumen zusammengefasst werden (zu den ländlichen Kreisen mit Verdichtungsansätzen zählen in Niedersachsen z. B. die LK Leer, Diepholz und Stade, zu den dünn besiedelten ländlichen Kreisen etwa die LK Emsland und Cuxhaven, wohingegen das Ammerland und Schaumburg zu den städtischen Kreisen gehören). Legt man diese Definition zugrunde, dann lebt in der Bundesrepublik ca. ein Drittel der Bevölkerung (31,7 % in 2012) auf ca. zwei Dritteln der Fläche (67,5 % in 2012) in ländlichen Räumen (BBSR 2012). Ein Problem dieser Definitionen und darauf basierender statistischer Berechnungen ist, dass sie als kleinste räumliche Einheit Landkreise zugrunde legen. Diese werden nach ihrer überwiegenden Prägung einem siedlungsstrukturellen Kreistyp zugeschlagen, was bei ausgesprochen großen Landkreisen den siedlungsstrukturellen (und damit zugleich auch den ökonomischen und alltagsweltlichen) Realitäten wenig gerecht wird, da ein Kreis durchaus Anteile am dynamisch wachsenden suburbanen Raum einer Stadtregion wie auch an weit entfernten und schlecht erschlossenen peripheren Landesteilen haben kann (ein niedersächsisches Beispiel dafür ist der Kreis Diepholz, der im Norden zum suburbanen Wachstumsraum von Bremen gehört und im Südosten alle Merkmale eines dünn besiedelten, ländlich-peripheren Raums erfüllt, zugleich aber auch in einigen ländlichen Gemeinden eine sehr erfolgreiche Industriestruktur aufweist). Diese Differenzierung kann in den genannten Definitionen und Statistiken auch nicht ansatzweise abgebildet werden.

Insgesamt lässt sich als Zwischenfazit festhalten, dass die Begrifflichkeiten »Klein- und Mittelstädte« und »ländliche Räume« aus regionalwissenschaftlicher Sicht sehr differenziert zu verwenden sind. Schlagworte wie »Ausbluten des ländlichen Raums« oder »Niedergang der Kleinstädte« sind weder angemessen noch hilfreich. Um Raumplanung und Regionalförderung adäquat ausrichten zu können, ist, wie immer, die genaue Analyse der konkreten Situation unerlässlich.

Funktionen und Charakteristika

Klein- und Mittelstädte haben, wie oben schon angedeutet, gerade in ländlichen Räumen mit vergleichsweise dünner Besiedlung in der Regel eine wichtige zentralörtliche Funktion als Grund- oder gar Mittelzentrum. Dies gilt insbesondere für die Versorgung und wichtige Infrastrukturen der Daseinsvorsorge (vor allem im Bildungs- und Gesundheitswesen), aber auch als Schwerpunkte der regionalen Arbeitsmärkte. Ihre Bedeutung für Daseinsvorsoge und Infrastrukturen etwa im Bildungs- und Gesundheitsbereich wird mit Sicherheit noch wachsen. Einerseits machen schrumpfende Bevölkerung und (öffentliche) Finanzknappheit, andererseits auch stetige Vergrößerung der Einheiten auf Angebotsseite aus Effizienz- und Spezialisierungsgründen eine flächendeckende Versorgung immer schwieriger. Da es in vielen ländlichen Räumen Deutschlands, verglichen mit anderen Teilen Europas, ein relativ engmaschiges Netz von Klein- und Mittelstädten gibt, ist darin zunächst einmal kein grundlegendes Versorgungsproblem zu sehen. Allerdings kommt es dann ganz besonders auf die Erreichbarkeit der Klein- und Mittelstädte an: sowohl intraregional aus der Fläche (»Umland«) als auch interregional im Sinne der Verbindung mit den Zentren der nächsthöheren Stufe. Besonders problematisch ist die Situation zweifelsohne in den Klein- und Mittelstädten, in denen demografische Schrumpfung, ökonomische Strukturschwäche und kommunale Finanzprobleme zu einer kumulativen »Abwärtsspirale« führen können (s. u.).

Eine interessante Frage ist, ob sich Politik, Öffentlichkeit und Zivilgesellschaft in Klein- und Mittelstädten charakteristisch von denjenigen in größeren Städten unterscheiden. Während üblicherweise und eigentlich unzulässig vereinfachend schon einmal städtische und ländliche Gesellschafts- und Politikformen einander gegenübergestellt werden, finden die möglichen Besonderheiten von Klein- und Mittelstädten eher seltener Aufmerksamkeit (vgl. aber z. B. Baumgart u.a. 2011, Baumgart/Rüdiger 2010, IRS 2014). Einerseits könnte man positive Aspekte wie Übersichtlichkeit, Vertrautheit, schnelle Entscheidungswege und gute Netzwerke herausstellen. Andererseits könnte man die gleiche Situation aus einem anderen Blickwinkel aber auch mit Begriffen wie soziale Kontrolle, geschlossene Netzwerke, dominante informelle Entscheidungen und möglicherweise sogar innovationsfeindliche Strukturen beschreiben.

Wichtig ist in diesem Zusammenhang aber, die Situation von Klein- und Mittelstädten nicht statisch zu sehen. Hier handelt es sich immer um soziale Prozesse, selbst im Falle der Abwanderung und Schrumpfung: So führen Abwanderungen zwar zu Leerständen, Unterauslastung von Infrastrukturen, Fachkräftemangel, kommunaler Finanznot und negativen Images, aber sie sind letztlich das Ergebnis von individuellen Entscheidungen und Rahmenbedingungen, die grundsätzlich veränderbar sind. Von daher wird zu Recht in der Regionalforschung auch weniger von »Peripherie« (statisch), sondern von »Peripherisierung« (dynamisch) gesprochen (Bernt/Liebmann 2013, Kühn 2016). Damit soll Aufmerksamkeit dafür geweckt werden, dass individuelles wie politisches Handeln gestalt- und veränderbar ist. Das wird etwa durch Perspektivwechsel erleichtert. Die Frage wäre dann z. B. nicht mehr primär, wie man Abwanderungen verhindern, sondern wie man etwa Zuwanderung ermöglichen kann (Kühn 2017; vgl. im Übrigen auch zur aktiven Gestaltung in Kleinstädten den Beitrag von Hoffmann / Dehne in diesem Heft).

In diesem Sinn sollen hier Klein- und Mittelstädte nicht als »Problemfälle«, sondern als wesentliche »Ankerpunkte« in dünner besiedelten Regionen verstanden werden.

Klein- und Mittelstädte als Ankerpunkte

In der hier eingenommenen Perspektive werden Klein- und Mittelstädte nicht für sich als städtische Einheiten mit spezifischen Problemen, sondern als Zentren in ihrer und für ihre Region – im Sinne von »Ankerpunkten« – gesehen. Die »Stadt«, insbesondere als Klein- und Mittelstadt, ist nicht im Gegensatz zum »Land« – und schon gar nicht in der Polarität von »Wachstum vs. Schrumpfung« – zu sehen, sondern die Klein- und Mittelstädte und »ihre« Stadtregionen sind als räumlich-funktionale Einheiten zu verstehen. Die Funktions- und Lebensfähigkeit der jeweiligen Klein- und Mittelstädte ist entscheidend für die Versorgung, die Arbeitsmärkte und die Lebensqualität im jeweiligen Teilraum. Stadt und Land sind, gerade in dünner besiedelten und peripheren bzw. peripherisierten Situationen, räumlich-funktionale Einheiten, die gemeinsam ihre Entwicklung gestalten müssen. Wichtige Dimensionen entsprechender planerischer und förderpolitischer Gestaltungsansätze sind etwa Siedlungsstrukturen/Städtebau (kompakte Siedlungen, attraktive Ortszentren usw.), Infrastrukturen (Sicherung der Tragfähigkeit und des Leistungsniveaus durch Multifunktionalität und Vernetzung) und insbesondere die Erreichbarkeit (aus der Umgebung und des nächstgrößeren Zentrums).

In diesem Sinn ist die Situation von Klein- und Mittelstädten und »ihrer« Region nicht gegebenes Schicksal, sondern als Gestaltungsauftrag wahrzunehmen. Dabei sind immer wieder die teilräumlichen spezifischen Rahmenbedingungen für die konkrete Konzipierung von Strategien zu berücksichtigen. Entscheidend ist dabei das funktionierende Zusammenspiel von Stadt und Land – im Sinne einer Stadt und ihrer Region.

Quellen

BBSR: Klein- und Mittelstädte in Deutschland – eine Bestandsaufnahme. Bonn 2012.

BBSR: Raumordnungsbericht 2017. Bonn 2017.

Baumgart, S./ Rüdiger, A.: Klein- und Mittelstädte rücken in das Blickfeld der Städtebauförderung. In: RaumPlanung 150/151, S. 159-164, 2010..

Baumgart, S./ Overhageböck, N./ Rüdiger, A. (Hrsg.): Eigenart als Chance? Strategische Positionierung von Klein- und Mttelstädten. Münster 2011.

Bernt, M./Liebmann H. (Hrsg.): Peripherisierung, Stigmatisierung, Abhängigkeit? Deutsche Mittelstädte und ihr Umgang mit Peripherisierungsprozessen. Wiesbaden 2013.

IRS – Leibniz-Institut für raumbezogene Sozialforschung: Kleinstädte in der Peripherie = IRS aktuell 79. Erkner b. Berlin 2014.

Kühn, M. : Peripherisierung und Stadt. Städtische Planungspolitiken gegen den Abstieg. Bielefeld 2016.

Kühn, M. : Zuwanderung – Eine Perspektive für schrumpfende Städte und Regionen. In: Heinrich-Böll-Stiftung (Hrsg.): Geteilte Räume. Strategien für mehr sozialen und räumlichen Zusammenhalt. Berlin 2017.

Die Bedeutung von Klein- und Mittelstädten für ländliche Räume

Klaus Becker, Bürgermeister der Stadt Osterode am Harz

© Werkstattstudio, Wolfgang Böttner, für die Stadtverwaltung Osterode

Die Stadt Osterode am Harz ist ein Mittelzentrum am Harzrand im neuen Kreis Göttingen. Sie hat ca. 22 500 Einwohner, wobei seit Jahren eine sinkende Tendenz zu beobachten ist. Osterode ist eine Einpendlerstadt mit 94 % Einpendlerüberschuss, weil sie ein wichtiger Industriestandort ist. Hier finden sich teilweise Weltmarktführer (Christ Sigma: Laborzentrifugen, Gefriertrocknungsanlagen, Kodak: Druckplatten, Sun Chemical: Druckfarben, Piller: Unterbrechungsfreie Stromversorgungsanlagen, Kamax: Verbindungselemente für Automobilindustrie und Flugzeugbau), außerdem sind viele »Hidden Champions« unter den Betrieben. Die Stadt hat einen hohen Freizeitwert, nicht zuletzt durch ihre direkte Lage am Harz. Seit 2013 hat die Stadt einen ausgeglichenen Haushalt.

Der demografische Wandel prägt unsere Region und damit auch unsere Stadt außerordentlich. Die Alterung der Gesellschaft verändert die Infrastrukturbedürfnisse und der Bevölkerungsrückgang im ländlichen Raum verringert die Tragfähigkeit von zentralöffentlichen Einrichtungen. Dadurch kommt es zu einer Ausdünnung der standortgebundenen Daseinsvorsorge. Das Thema Erreichbarkeit von Infrastruktureinrichtungen wird zu einem stetig an Bedeutung gewinnenden Standortfaktor.

Seit zwölf Jahren sind wir intensiv dabei, unsere Infrastruktur nach und nach auf die veränderten Bedingungen einzustellen. Zu den notwendigen Maßnahmen gehörten die Verringerung der Grundschulstandorte von neun auf fünf, die Verkleinerung der Kläranlagenkapazität durch Stilllegung eines Belebungsbeckens, eine Umorganisation im Bereich der Freiwilligen Feuerwehren, um auf die geringer werdende Anzahl von freiwilligen Feuerwehrleuten zu reagieren sowie ein aktives Leerstands-Management – bis hin zum Abriss. Ziel ist zum einen die Anpassung der Infrastruktur an die zukünftigen Verhältnisse und zum anderen die Sicherung der Daseinsvorsorge.

Ich sehe als verantwortlicher Bürgermeister nicht allein die Stadt Osterode am Harz, sondern die gesamte Region. Dabei stellen sich die Fragen, welches Angebot in allen Bereichen (von Schule und Bildung bis zur hausärztlichen Versorgung) wir in der Region unserer Bevölkerung in Zukunft machen können und welche Bedeutung dann die Klein- und Mittelstädte haben.

Ich möchte dies an einem Beispiel illustrieren: Wenn sich jemand beklagt, dass es in Osterode am Harz kein Kino mehr gibt, antworte ich: Wir haben doch noch eines, elf Minuten mit dem Auto entfernt, sogar mit dem ÖPNV erreichbar, nämlich in der Nachbarstadt Herzberg am Harz. Dann ernte ich oft nur Staunen. Als ich in München studiert habe, brauchte ich von meiner Wohnung bis zum nächsten Kino mindestens eine halbe Stunde mit öffentlichen Verkehrsmitteln oder 20 Minuten (wenn kein Stau war) mit dem Pkw – und dazu musste ich noch hohe Parkgebühren zahlen. Wo ist der Unterschied? Was ist besser?

Wir müssen das Angebot einer Region als Ganzes betrachten und dabei auch das Oberzentrum, in unserem Falle Göttingen, einbeziehen. Wenn ich das tue, kann ich sagen, dass es in unserer Region alles gibt, was ich auch in einer Großstadt erhalten kann. Das Problem ist nur, dass ich hinkommen muss. Deswegen ist unser Hauptthema, das wir zurzeit bearbeiten, das Thema Mobilität. Hier müssen wir zu intelligenten Lösungen im ÖPNV im ländlichen Raum kommen, denn der Einsatz von Großbussen ist hier in der Regel unwirtschaftlich und auch zu wenig flexibel, da man nur wenige Hauptstrecken ausmachen kann. Hier sind wir über das Südniedersachsen-Programm u. a. mit dem Max-Planck-Institut Göttingen dabei, ein mögliches, hochflexibles System zu ÖPNV-Preisen für den ländlichen Raum zu entwickeln.

Der zweite wichtige Punkt ist hierbei auch die flächendeckende Breitbandversorgung. Dieses Thema werden wir wohl bis 2018 mit 100 MBit/s nahezu flächendeckend abgearbeitet haben.

Es gibt dann, wenn wir das Thema Mobilität und Breitbandversorgung erledigt haben, keinen vernünftigen Grund mehr, nicht die wesentlich höhere Lebensqualität im ländlichen Raum für das Wohnen zu nutzen und in das Oberzentrum zum Arbeiten oder zur Deckung des besonderen periodischen Bedarfes zu fahren.

Mein klares Plädoyer deshalb: Steckt alles verfügbare Geld in die Entwicklung eines intelligenten, möglichst e-basierten Mobilitätskonzepts und verbindet damit die Städte und Dörfer im ländlichen Raum untereinander und den ländlichen Raum mit den Oberzentren. Die kleineren und Mittelstädte im ländlichen Raum mit ihren Infrastruktureinrichtungen werden dadurch als Versorgungspunkte erhalten und weiterentwickelt. Es muss ein vernetztes und integriertes Konzept unter Einbeziehung der Oberzentren gemeinsam mit den Akteuren vor Ort aufgebaut werden. Dazu muss der Konkurrenzgedanke in den Hintergrund treten – das Kino in Herzberg ist keine Konkurrenz für Osterode, sondern eine Chance – und die politischen Debatten müssen versachlicht werden. Sprüche wie »bei uns gehen die Lichter aus« halte ich für nicht hilfreich.

Klein- und Mittelstädte – Leistungsträger der Regionalentwicklung

Axel Priebs

Die ländlichen Räume Niedersachsens sind vielfältig. In allen Raumtypen sind jedoch gut erreichbare und leistungsfähige Klein- und Mittelstädte unverzichtbar, um Lebensqualität und Zukunftschancen zu sichern. Deswegen verdienen diese Städte eine verstärkte Aufmerksamkeit, Unterstützung und Wertschätzung nicht nur in der Landespolitik, sondern auch in den Medien und in der breiten Öffentlichkeit.

1. Einleitung

Die ländlichen Räume Niedersachsens stehen angesichts des demografischen Wandels vor sehr unterschiedlichen Herausforderungen. Prosperierende ländliche Räume, nicht nur im Umland der großen Städte, stehen neben Regionen mit geringerer Dynamik und hohem Abwanderungsdruck. In allen ländlichen Raumtypen jedoch sind die Menschen gleichermaßen auf eine gute und leistungsfähige Daseinsvorsorge angewiesen. Wenn es um gleichwertige Lebensverhältnisse und hohe Lebensqualität in allen Teilräumen des Landes geht, sind eine gute Infrastruktur und ein maßgeschneidertes Angebot öffentlicher und privater Dienstleistungen unverzichtbar. Gerade für ländliche Räume in größerer Entfernung zu den Ballungsräumen ist es dabei von hoher Bedeutung, dass diese Angebote gut und möglichst gebündelt erreichbar sind. Deswegen haben die Klein- und Mittelstädte mit ihren Einrichtungen der Daseinsvorsorge, aber auch mit ihrem Arbeitsplatzangebot und ihrer touristischen Attraktivität hohe Bedeutung für die Regionalentwicklung in den ländlichen Räumen. Wichtig ist dabei, dass die Klein- und Mittelstädte stets als Teil der ländlichen Räume verstanden werden. Ländliche Räume auf die freie (überwiegend landwirtschaftlich genutzte) Landschaft und die Dörfer zu reduzieren, würde bedeuten, die strukturelle Vielfalt der ländlichen Räume auszublenden. Gerade die ländlichen Mittelpunktsorte und die Städte leisten einen wesentlichen Beitrag dafür, dass die ländlichen Räume ihre Stärken ausspielen können.

Abb. 1: Blick in die Innenstadt von Jever. Foto: Axel Priebs

Während viele Dörfer immer weniger Arbeitsplätze und nur noch sehr eingeschränkte Versorgungsmöglichkeiten aufweisen, haben gerade die kleinen und mittleren Städte für die ländlichen Räume eine wichtige Stabilisierungsfunktion. Allerdings ist nicht zu übersehen, dass viele dieser Städte durch Funktionsverluste, etwa durch Konzentrationstendenzen bei öffentlichen und privaten Dienstleistungen bedroht sind. Deswegen hat es das Zukunftsforum in seiner zweiten Arbeitsperiode 2015/16 als eine wesentliche Aufgabe der Landespolitik bezeichnet, einer weiteren Schwächung der Städte in den ländlichen Räumen entgegenzuwirken. Andernfalls wären die gleichwertigen Lebensverhältnisse, die Lebensqualität der Menschen in den betroffenen Regionen (und nicht zuletzt der Dörfer) und das Prinzip der Chancengleichheit in ganz Niedersachsen gefährdet. Um die Landesregierung bei dieser Aufgabe zu unterstützen, hatte sich das Zukunftsforum die Aufgabe gestellt, in Niedersachsen und darüber hinaus gelungene Beispiele für die Stabilisierung und Aufwertung der Städte zu ermitteln und aufzubereiten. In diesem Zusammenhang sei betont, dass der Begriff »Stadt« in diesem Beitrag nicht im kommunalrechtlichen, sondern im funktionalen Sinne gebraucht wird, weil kleinstädtische Funktionen auch ohne förmlichen Status etwa durch die Hauptorte der Samtgemeinden wahrgenommen werden.

2. Die Funktion von Klein und Mittelstädten in der Raumordnungs- und Landesentwicklungspolitik

Die besondere Funktion und Bedeutung der Klein- und Mittelstädte für die ländlichen Räume ergibt sich daraus, dass sie wichtige Funktionen auch für ihr Umland wahrnehmen. In dieser überörtlichen Versorgungsfunktion liegt ihre besondere Bedeutung für die Raumordnungs- und Landesentwicklungspolitik. Zur Stabilisierung der Raumstruktur und der Daseinsvorsorge sind bundesweit in den Raumordnungsplänen zentrale Orte auf drei oder vier Zentralitätsstufen festgelegt. In Niedersachsen liegt es in der Verantwortung des Landes, die Ober- und Mittelzentren im Landes-Raumordnungsprogramm festzulegen (vgl. Abb.2), während die Regionalplanung die Grundzentren festlegt.

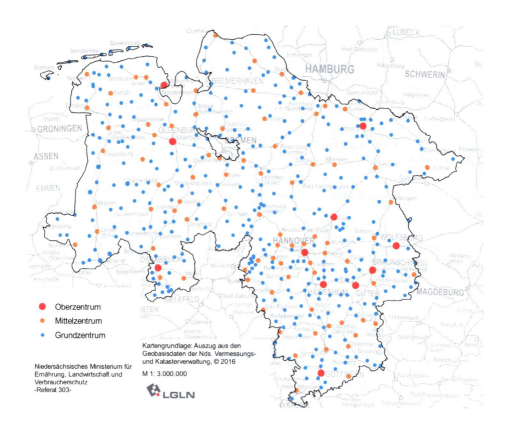

Abb. 2: Zentrale Orte in Niedersachsen. Quelle: Niedersächsisches Ministerium für Ernährung, Landwirtschaft und Verbraucherschutz, Referat 303

Allen zentralen Orten ist die Verantwortung auferlegt, die Bevölkerung und die Wirtschaft ihres Verflechtungsbereichs ausreichend zu versorgen. Während die Grundzentren einen Versorgungsauftrag für ihr eigenes Gemeinde- bzw. Samtgemeindegebiet haben, versorgen die Mittelzentren neben dem eigenen Gemeindegebiet auch die Kommunen ihres Verflechtungsbereichs. Die Klein- und Mittelstädte, die den Versorgungsauftrag als Mittelzentren haben, stehen im Mittelpunkt dieses Beitrags. Sie übernehmen in der Fläche die Rolle von Leistungsträgern der öffentlichen und privaten Daseinsvorsorge und sind verpflichtet, ihre Dienstleistungsfunktionen auch für ihr ländliches Umland vorzuhalten. Kernprinzip der zentralen Orte ist dabei die Bündelung öffentlicher und privater Angebote, woraus die Strahlkraft der zentralen Orte in ihre jeweiligen Versorgungsbereiche resultiert. Sie sind damit wichtige Ansatzpunkte für wirtschaftliches Wachstum, in strukturschwachen, peripheren Gebieten mit hohem Abwanderungsdruck punktuell allerdings auch »Rückzugsbastionen« mit hoher Stabilisierungsfunktion.

In den Mittelzentren soll die für die Lebensqualität und die Chancengleichheit der Menschen – auch und gerade in den peripheren und strukturschwachen Regionen – besonders relevante Infrastruktur vorgehalten werden. Dies sind insbesondere die Einrichtungen

- für Bildung und Kultur (weiterführende und berufsbildende Schulen, Volkshochschulen, Bibliotheken, Musikschulen und andere kulturelle Einrichtungen) sowie Sport und Freizeit (qualifizierte Sportstätten, Schwimmbäder, Tanzschulen und Kinos);
- der medizinischen Versorgung und der Pflege (Krankenhäuser, Fachärzte, Apotheken, Pflegeeinrichtungen);
- des Handels (insb. der höherwertige Bedarf, etwa in den Bereichen Bekleidung, Informations- und Unterhaltungselektronik, Schmuck, Parfümerie, Bücher) sowie
- weitere öffentliche und private Dienstleistungen (z. B. Beratungsangebote im sozialen Bereich, Rechtsanwälte, Kreditinstitute, Schulen, Behörden, Gerichte, Versicherungen, Kirchen, Religionsgemeinschaften und Wohlfahrtsverbände).

Für die Erfüllung ihrer Rolle als Mittelzentren bietet die Digitalisierung den Klein- und Mittelstädten und damit den ländlichen Räumen insgesamt vielfältige Chancen. Falsch wäre es dabei, Dienstleistungs- und Warenangebote aus dem Internet gegen die stationären Handels- und Dienstleistungsangebote in den Klein- und Mittelstädten auszuspielen. Zwar werden bestimmte Behördengänge mit zunehmender Reife von e-Government-Tools verzichtbar sein und ein immer größerer Teil des Warenangebots ist über den Online-Handel verfügbar. Trotzdem dürfte ein wesentlicher Teil der Arztbesuche, der Beratungs- und Leistungsangebote und auch der Einkäufe nicht oder nur begrenzt durch Internetaktivitäten ersetzbar sein. Denn persönliche Interaktionen sowie vielfältige soziale Treffpunkte sind nicht unwesentliche Voraussetzungen individueller Lebensqualität. Deswegen ist es optimal, wenn die stationären Anbieter die Möglichkeiten des Internets auch für den eigenen Auftritt nutzen. Zum einen ist es möglich, im Internet potentielle Käufer/-innen in der eigenen Region anzusprechen und über das eigene Angebot zu informieren. Zum anderen lässt sich – insbesondere bei spezialisierten Fachgeschäften – die Reichweite des eigenen Geschäfts vergrößern, beispielsweise durch eine Kombination des Ladengeschäfts mit einem Liefer- und Versandservice.

Gerade der Buchhandel als eine durch aggressive Großanbieter im Internet besonders betroffene Branche zeigt, dass der stationäre Handel sowohl durch eine eigene Internetpräsenz als auch durch gute Beratung und ansprechende Atmosphäre, etwa Sitzecken mit Kaffeeangebot sowie Lesungen und andere Aktionen in den Geschäften, den Netz-Konkurrenten die Stirn bieten kann. 2013 verzeichnete der klassische Buchhandel nach vielen schlechten Jahren erstmals ein Umsatzplus. Die kulturpolitische Bedeutung der klassischen Buchhandlungen hat im September 2015 Kulturstaatsministerin Monika Grütters bei der Auszeichnung von 108 unabhängigen und inhabergeführten Buchhandlungen mit dem Deutschen Buchhandlungspreis betont: »Gerade die kleinen Buchhandlungen, die es in Deutschland noch in allen Regionen gibt, fördern quer durch alle Altersgruppen die Lust am Lesen und das Gespräch über Literatur - durch kompetente Beratung und inspirierende Veranstaltungen. Sie stellen sicher, dass auch solche Bücher und Autoren sichtbar werden, die abseits der Bestsellerlisten Aufmerksamkeit verdienen. Durch Internetriesen wie Amazon sind diese Refugien aber stark gefährdet.« Sie betonte aber auch, dass es letztlich das Kaufverhalten der Kunden sei, das über das Fortbestehen des klassischen Buchhandels entscheide. Dass auch staatliche Kulturpolitik durchaus Möglichkeiten hat, die Vielfalt zu sichern, machte sie am Beispiel der Buchpreisbindung deutlich.

Abb. 3: »Ameisenparty« für Jugendliche. Leseaktion in einer Buchhandlung in Haren/Ems. Foto: Buchhandlung Monika Kremer, Haren

Nicht nur die einzelnen Händler und ihre Branchenorganisationen haben in den Klein- und Mittelstädten einen wesentlichen Einfluss auf die Strahlkraft des Handels und damit die Stadtentwicklung insgesamt, sondern mehr und mehr wird erkannt, dass eine positive Entwicklung der Stadt nur möglich ist, wenn alle entscheidenden Akteure ihren Beitrag leisten. Neben dem Handel und den privaten Dienstleistern sind es auch die öffentlichen Einrichtungen, die das Erscheinungsbild und die Qualität städtischer Angebote maßgeblich prägen. Bei den öffentlichen Einrichtungen ist über deren Dienstleistungsangebot hinaus ist auch ihre Stabilisierungswirkung für den Arbeitsmarkt und die Einkommensstruktur zu sehen.

Eine Reihe von Mittelzentren ist auch Haupt- oder Nebenstandort einer Universität oder einer anderen Hochschule – in Niedersachsen seien beispielsweise die Städte Buxtehude, Clausthal-Zellerfeld, Hameln, Holzminden, Lingen, Vechta und Wolfenbüttel genannt. Diese tragen in ihren Regionen in besonderer Weise zur Sicherung und Steigerung der Standortattraktivität bei. Gerade Hochschulen für angewandte Wissenschaften leisten durch die Nähe zur regionalen Wirtschaft sowie die Orientierung auf angewandte Forschung einen effektiven Beitrag zur Stärkung der regionalen Wettbewerbsfähigkeit. Zudem tragen sie dazu bei, dass jungen Menschen für eine qualifizierte Ausbildung nicht in große Städte abwandern müssen. Bei entsprechender Attraktivität des Ausbildungsangebots tragen sie sogar dazu bei, dass junge Leute aus anderen Regionen in diese Städte kommen.

3. Klein- und Mittelstädte müssen als Marke wahrnehmbar sein

Die Sicherung der Standortqualität ist nicht nur eine Aufgabe einzelner Betriebe und Institutionen. Vielmehr sind hier kommunale Entscheidungsträger, Wirtschaft und Zivilgesellschaft gleichermaßen gefordert, an »ihrer Stadt« zu arbeiten und diese als Marke zu etablieren. Längst ist erkannt, dass auch und gerade für ländliche Klein- und Mittelstädte die strategische Positionierung von existenzieller Bedeutung ist. Gerade weil diese sich gegenüber der Sogkraft von Großstädten und Ballungsräumen zu behaupten haben, müssen sie stets ihren Außenauftritt optimieren. Dabei ist es längst nicht mehr ausreichend, sich pauschal als Zentrum der Region oder als Einkaufsstadt zu vermarkten, sondern es geht mehr denn je darum, sich als attraktives Stadtindividuum zu positionieren. Beim »urban branding«, also bei der Markenbildung der Städte, haben Glaubwürdigkeit und Authentizität hohe Bedeutung. Auch für ländliche Klein- und Mittelstädte geht es darum, einen ehrlichen und belastbaren Markenkern herauszuarbeiten und mit diesem offensiv in den Wettbewerb mit dem Internet oder auch mit den Ballungsräumen zu gehen.

Für die Profilierung einer Stadt als Marke

und ihr Erscheinungsbild für Einwohner/-innen und Besucher/-innen ist es neben dem charakteristischen Mix der Funktionen und der Vielfalt der Angebote wichtig, an ihrem äußeren Erscheinungsbild zu feilen. Das gilt besonders für die öffentlichen und halböffentlichen Räume, wobei insbesondere die Stadtmitten die Funktionen einer Visitenkarte nicht nur für die Städte, sondern auch für ihre Regionen haben. Hierbei geht es sowohl darum, baulichen Verfall zu stoppen und Umnutzung zu fördern als auch traditionelle Funktionen zu stärken und neue wirtschaftliche und kulturelle Anziehungspunkte für alle Generationen zu schaffen (vgl. zu den baulichen Aspekten den Beitrag von Christian Kuthe in diesem Heft).

Abb. 4: Blick in die Innenstadt von Einbeck. Foto: Axel Priebs

Das Zukunftsforum hatte sich das Ziel gesetzt, ein breites Spektrum guter Beispiele für die Stärkung von Klein- und Mittelstädten zu ermitteln und aufzubereiten. Dabei sollten vor allem integrative und querschnittsorientierte Ansätze in den Blickpunkt gerückt werden, die auf der vorhandenen Siedlungs- und Wirtschaftsstruktur aufsetzen und passgenau zur Stabilisierung des Arbeitsmarktes und zur Qualitätsverbesserung der Lebensverhältnisse beitragen. Der Bericht des Zukunftsforums fokussiert in diesem Sinne auf eine Reihe unterschiedlicher Ansätze, nämlich

- die Erstellung zukunftsorientierter Stadtentwicklungskonzepte,
- die Steigerung der Attraktivität von Innenstädten
- die Fachkräftesicherung in Klein- und Mittelstädten

- die Kinder- und Familienfreundlichkeit von Städten
- die Sicherung der Gesundheitsversorgung
- Bildung und Kultur
- Nachbarschaftshilfe und das Miteinander der Generationen
- die Förderung der interkommunalen Kooperation sowie
- Teilhabe und Weltoffenheit.

Im folgenden Kapitel sollen einige dieser Ansätze an guten Beispielen aus Niedersachsen näher vorgestellt werden.

4. Best Practice für die Stabilisierung der ländlichen Räume durch Klein- und Mittelstädte

4.1 Wachstumskonzept Innenstadt der Stadt Verden (Aller)

Der Stadt Verden (ca. 27 000 Einw.) fehlten über Jahre für die Innenstadt Investitionen und Innovationen, wodurch die Urbanität und die Wettbewerbsfähigkeit als Mittelzentrum gefährdet waren. Viele Ladengeschäfte waren in die Jahre gekommen, ebenso schwächte die über 20 Jahre alte Optik der Fußgängerzone die Strahlkraft als Einkaufsstadt. Vermisst wurden eine attraktive Außengastronomie und öffentliche Orte für ein zeitgemäßes urbanes Stadtleben. Zentral gelegene Bereiche in attraktiver Lage waren durch Parkplätze belegt und ein fehlender Konsens im Stadtrat blockierte über Jahrzehnte wichtige Entscheidungen etwa zur Entwicklung am innenstadtnahen Allerufer.

Die Stagnation konnte überwunden werden, indem die Stadt ab 2007 mit breiter Beteiligung aller relevanten Akteure der Stadtgesellschaft und fachwissenschaftlicher Beratung ein Wachstumskonzept für die Innenstadt erarbeiten ließ. Eine gründliche Analyse, verbunden mit wissenschaftlicher Beratung, führte schließlich zu breiter Akzeptanz für mutige Entwicklungsziele. So sollte die Innenstadt auf Kosten der Stadt direkt an die Bundesstraße angeschlossen werden, die zentralen Kundenparkplätze sollten verlegt werden, um das Allerufer für Naherholung und Tourismus zu öffnen und schließlich sollten attraktive öffentliche Plätze geschaffen werden. Über einen europaweiten städtebaulichen Wettbewerb konnte 2009 der »Rahmenplan Allerufer« als Umsetzungskonzept für einen fast 4 ha großen Innenstadtbereich erstellt werden. Die Realisierung aller drei Entwicklungsziele wurde in den Jahren 2010-2015 unter Einwerbung von 4,1 Mio. € Fördermitteln weitgehend umgesetzt. Die Stadt erwarb dafür notwendige Schlüsselgrundstücke und suchte Investoren für den Neubau der geplanten Stadtkante mit Wohnungen, Geschäften und einem Hotel am neuen Allerpark.

Abb. 5: Blick auf das Rathaus der Stadt Verden. Foto: Axel Priebs

Der einstimmige, mit breiten Ratsmehrheiten, Beschluss des Wachstumskonzepts und dessen konsequente Umsetzung durch öffentliche Investitionen beförderten sichtbar private Investitionen. Der neue Rathausplatz hat sich mit Außengastronomie zum urbanen Stadtplatz entwickelt, mehrere Geschäftshäuser wurden modernisiert und die moderne Spielskulptur im Allerpark stellt eine besondere Attraktion dar. Zu betonen sind die Bemühungen um eine breite Akzeptanz in der Öffentlichkeit und die verlässliche politische Unterstützung für die Umsetzung der Maßnahmen.

4.2 Lange Nacht der Kultur in Bückeburg

Auch die Innenstadt des Mittelzentrums Bückeburg (ca. 19 000 Einw.) muss um ihre Position als lebendiger Mittelpunkt der Stadt kämpfen, weil es Auszehrungsprozesse beim Handel und anderen Funktionen gibt. Deswegen ist es von besonderer Bedeutung für die Stadtentwicklung, dass die Stadt Bückeburg seit mehreren Jahren die »Lange Nacht der Kultur« durchführt, die sich seitdem als ein Höhepunkt des örtlichen Veranstaltungskalenders etabliert hat und weite Ausstrahlung ins Umland hat. Idee des Festes ist, die gesamte Innenstadt einzubinden und den Bürgerinnen und Bürgern Kultur in unterschiedlichster Form anzubieten. Zielgruppe sind die Bürgerinnen und Bürger der Stadt, aber auch die Menschen aus den benachbarten Kommunen des Schaumburger Landes und des Landes Nordrhein-Westfalen.

Abb. 6: Lange Nacht der Kultur in Bückeburg. Foto: Stadt Bückeburg/Jörg Müller

Bückeburg verfügt mit Schloss, Staatsarchiv, Rathaus, Stadtkirche und den Museen über eine große Anzahl nah beieinander gelegener Gebäude und Veranstaltungsstätten, zwischen denen das Publikum fußläufig zu den einzelnen Kulturangeboten wechseln kann. Großen Wert legt die Stadt Bückeburg als Veranstalter auch auf die Mitwirkung und Beteiligung des in der Innenstadt ansässigen Einzelhandels. So werden auch in Buchhandlungen, Bekleidungsgeschäften und anderen Ladengeschäften Programmpunkte angeboten. Das Angebotsspektrum ist dabei weit gefächert und reicht von Lesungen und Vorträgen über Schauspiel und Konzerte bis hin zu Theater und bildender Kunst. Für die sogenannten Galeriekünstler (Gemälde, Skulpturen, Plastiken, Fotos) werden die Räumlichkeiten für einen längeren Zeitraum bereitgestellt, um für den großen Aufwand der Präsentation eine lohnende Ausstellungszeit zu haben. Ziel ist eine Belebung der Innenstadt und die Etablierung der Stadt als Kulturträger. Kultur in vielen Facetten soll einer breiten Öffentlichkeit zugänglich gemacht werden, weswegen auch für Kinder gesonderte Programmpunkte angeboten werden. Mit der »Langen Nacht der Kultur« wird die Innenstadt ins Bewusstsein der Menschen aus Stadt und Umland gerückt, weswegen das Zukunftsforum die Initiative als vorbildhaft bezeichnet hat.

4.3 Onlinecity-Wolfenbüttel

In der Stadt Wolfenbüttel (ca. 52 000 Einw.) haben die stetig gestiegene Mobilität, die Ansprüche der Bürgerinnen und Bürger sowie die wachsende Anzahl der Mitbewerber aus dem Internet für einen erheblichen Rückgang der Kundenfrequenz gesorgt. Um die Funktion als Mittelzentrum zu stützen, hat der Einzelhandel im Februar 2015 begonnen, gegenzulenken und Wolfenbüttel gemeinsam mit der Stadt und dem Dienstleister Atalanda als erste Stadt in Niedersachsen als »Onlinecity« zu präsentieren. Bis zum Juni 2016 hatten sich 43 Händler unter der Plattform www.onlinecity-wf.de zusammengetan, um wie die großen Internetanbieter die Kunden auch außerhalb der Öffnungszeiten zu erreichen. Der virtuell getätigte Einkauf kann meist noch am selben Tag innerhalb des Stadtgebietes geliefert werden, kann aber natürlich auch im Geschäft abgeholt werden. Für die Händler in Wolfenbüttel liegt der Schwerpunkt ihres Engagements nicht alleine im Onlineverkauf, sondern auch in der Onlinepräsenz selbst und damit im Erhalt ihrer Wettbewerbsfähigkeit. So können neue Zielgruppen und Vertriebskanäle erschlossen werden und das große Angebot in der Wolfenbütteler Fußgängerzone kann zurück ins Bewusstsein der Kunden in Stadt und Umland gebracht werden. Ein gemeinsamer Werbeauftritt, gemeinsame Werbemittel, Aktionen in den Geschäften und in der City sowie ein gemeinsamer Auftritt in sozialen Netzwerken flankieren die Aktion. Nicht nur für die Kunden, sondern auch für Einzelhändler, insbesondere die kleineren Geschäfte, ist der gemeinsame Onlineshop ein großer Gewinn. Denn oftmals fehlen hier Wissen oder ganz einfach die Zeit, einen professionellen Internetauftritt samt virtuellem Shop auf die Beine zu stellen. Zudem mangelt es häufig an entsprechenden Warenwirtschaftssystemen oder Datenschnittstellen. In der Gemeinschaft ist der virtuelle Marktplatz für diese möglich geworden. Somit werden die örtlichen Geschäfte in der Konkurrenz mit dem überregionalen Online-Handel gestärkt, weswegen das Zukunftsforum der Landesregierung empfohlen hat, eine gezielte Bereitstellung von Fördermittel für derartige Online-Marktplätze zu prüfen.

4.4 Bücherfrühling – die Vechtaer Literaturtage

Die Stadt Vechta (ca. 32 000 Einw.), ebenfalls ein Mittelzentrum, hat sich seit 1991 an dem mit Landesmitteln geförderten »Norddeutschen Bücherfrühling« beteiligt, der seinerzeit durch die Initiative der Regierungschefs der norddeutschen Küstenländer ins Leben gerufen wurde. Als die Förderung in der zweiten Hälfte der 1990er Jahre eingestellt wurde, entschied sich die Stadt Vechta, eigene Mittel aufzuwenden, um jungen Menschen aus Grund- und weiterführenden Schulen weiterhin Gelegenheit zu geben, originäre Begegnungen mit Literatur und Schriftstellern zu erleben.

So werden in Vechta seit nunmehr 26 Jahren in der Regel in den Monaten März/April zwei Wochen lang Lesungen, szenisches und interaktives Theater, Figurentheater und mehr angeboten, um Kindern und Jugendlichen Appetit auf Literatur zu machen und sie dazu zu motivieren, sich über den Tag hinaus mit Büchern zu beschäftigen. Autoren und Themen werden in Zusammenarbeit des Fachdienstes Kultur der Stadt Vechta mit dem örtlichen Buchhandel für das jeweilige Jahr ausgesucht. Bei jeder Lesung gibt es einen Büchertisch, den ebenfalls der örtliche Buchhandel betreut. Durch die hohe Kontinuität sind intensive Kontakte auch zu den Fachlehrern der Vechtaer Schulen entstanden, die mit ihren Schülern gern die Veranstaltungen besuchen. Häufig sind mehr als die Hälfte der Lesungen bereits am Tag nach ihrer Bekanntgabe, die jeweils in einer Pressekonferenz stattfindet, ausgebucht.

Abb. 7: Vechtaer Bücherfrühling. Foto: Stadt Vechta

Aus der Kooperation mit den Schulen und der frühzeitigen Begegnung von Schülern mit Literatur sind in der Folge bereits verschiedene Folgeprojekte, u. a. Schreibwerkstätten und Buchprojekte, hervorgegangen. Die Finanzierung des Bücherfrühlings erfolgt aus Haushaltsmitteln der Stadt Vechta. Weitere Beteiligte neben dem Buchhandel sind das örtliche Jugendzentrum, das städtische Museum, Schulen und natürlich viele engagierte Lehrerinnen und Lehrer. Mit dem Bücherfrühling eröffnet die Stadt Vechta alljährlich jungen Menschen aus der Stadt und dem Umland Begegnungen mit Literatur und Literaten. Das Zukunftsforum hat die Initiative als vorbildhaft bezeichnet, weil die Stadt als Kulturträger damit ein weit ausstrahlendes attraktives außerschulisches Lernangebot geschaffen hat, mit dem das Leseverhalten von Kindern und Jugendlichen langfristig und nachhaltig gefördert wird.

4.5 Das Projekt »Gemeinsam gewinnen« im Kirchenkreis Münden

In der Stadt Hann. Münden (ca. 24 000 Einw.) ist es gelungen, aus dem Mittelzentrum heraus ein Angebot zu bündeln und zu organisieren, das den Menschen im gesamten Kirchenkreis Hann. Münden zu Gute kommt. Seit 2007 begleiten die ehrenamtlichen Mitarbeiterinnen und Mitarbeiter in enger Zusammenarbeit mit der Kirchenkreis-Sozialarbeit in Not befindliche Menschen unabhängig zum Beispiel von Alter oder Religionszugehörigkeit für einen angemessenen, aber begrenzten Zeitraum. Hintergrund ist, dass im Kirchenkreis Münden die Nachfrage nach Unterstützung und Lebenshilfe bei bestimmten Alltagsproblemen zugenommen hat. Gleichzeitig gibt es Menschen, die helfen möchten und sich ehrenamtlich engagieren wollen. Unterstützung und Betreuung erhalten die Ehrenamtlichen vom Kirchenkreis Münden, insbesondere durch eine in dort ansässige Projektkoordinatorin. Sie ist erste Ansprechpartnerin, lädt einmal im Monat zu einem Gruppentreffen nach Münden ein und organisiert Fortbildungen und Supervision. Konkret leisten die Ehrenamtlichen vielfältige Hilfen, so z. B. Unterstützung beim Besuch von Behörden, Hilfe bei der Organisation eines Umzugs, Hilfe beim Sortieren von Unterlagen und bei der Antragstellung, Unterstützung bei der Haushaltsführung, Vermittlung an und Begleitung zu Beratungsstellen, Entlastung bei der Kinderbetreuung. Das Hilfsangebot ist kostenfrei und an keine Religionszugehörigkeit gebunden.

»Gemeinsam gewinnen« ist ein gutes Beispiel dafür, wie ehrenamtliche Arbeit in einer ländlichen Region gebündelt und durch zentrale fachliche wie organisatorische Unterstützung so gestaltet werden kann, dass viele Menschen von ihr profitieren können. Das Projekt zeigt vorbildlich, wie Ehrenamtliche durch die zentrale Betreuung seitens Kirchenkreissozialarbeit und Projektleitung in die Lage versetzt werden, in Not befindlichen Menschen zu helfen. Wichtige Voraussetzung ist, dass das Projekt aus der Stadt Hann. Münden heraus zentral organisiert wird, weil es dort Unterstützung durch den ansässigen Serviceclub gibt. Zu beachten ist dabei, dass die Ehrenamtlichen durch eine Projektkoordinatorin und die Kirchenkreissozialarbeit der ev. luth. Landeskirche Hannover betreut werden und Supervision erhalten.

5. Ausblick

Das Zukunftsforum Niedersachsen hatte sich in seiner zweiten Arbeitsperiode 2015/16 das Ziel gesetzt, gute Beispiele für die Stärkung der Klein- und Mittelstädte als Antworten auf die Herausforderungen des demografischen Wandels in den ländlichen Räumen zu dokumentieren. Die Ergebnisse seiner Arbeit und seine Empfehlungen hat das Zukunftsforum der Niedersächsischen Landesregierung im Rahmen des Dritten Demografiekongresses am 18. Oktober 2016 übergeben. Zentrale Ergebnisse der Arbeit wurden auf der Tagung »Klein- und Mittelstädte als Anker ländlicher Entwicklung« im November 2016 in der Evangelischen Akademie Loccum vorgestellt und mit vielen Interessierten diskutiert. Damit ist die Hoffnung verbunden, dass sich im ganzen Land geeignete öffentliche und private Akteure für den Transfer der Anregungen und Empfehlungen des Zukunftsforums in weitere konkrete Maßnahmen finden. An dieser Stelle sei nochmals allen beteiligten Kommunen und Projektträgern für ihre Unterstützung gedankt.

Hinweis: Der im Beitrag erwähnte Bericht des Zukunftsforums, (»Starke Städte und lebendige Dörfer in den ländlichen Räumen«) aus dem auch die Beispiele stammen, ist abrufbar unter: www.stk.niedersachsen.de/download/111945

Nienburg – Stadt in der Region

Henning Onkes, Bürgermeister der Stadt Nienburg

Bürgermeister Henning Onkes bei der Vorstellung des gewählten Jugendrates, hier mit dem dreiköpfigen Sprecherteam. Der Nienburger Jugendrat ist ein Projekt im Rahmen des 2016 beschlossenen Leitbildes, das die Stadt für die Entwicklung der nächsten Jahrzehnte fit machen soll.
© Stadtverwaltung Nienburg

Nienburg, Kreisstadt im ländlichen Raum in zentraler Lage in Norddeutschland, beherbergt ca. 32 000 Menschen und ist im gleichnamigen Landkreis die einzige Stadt dieser Größenordnung. Im dörflich und kleinstädtisch strukturierten Einzugsgebiet leben 120 000 Menschen, für die das Mittelzentrum der Zielort ist, wenn es um die Versorgung mit Gütern der Lebenshaltung, um medizinische und Sozialversorgung, um Bildung und Kulturangebote oder um Arbeitsplätze in Dienstleistung, Gewerbe und Produktion geht, kurz: um sämtliche wichtige Bereiche der Daseinsvorsorge.

Für Nienburg ergibt sich daraus eine gesellschaftliche Verantwortung nicht nur für die in der Stadt, sondern auch die im Umland lebenden Menschen. Das Ende 2016 aus dem überwiegend öffentlichen Findungsprozess erwachsene Leitbild bezeugt dies. Erhalt und – wo irgend möglich – Ausbau des Einzel- und Großhandelswarenkorbs, des handwerklichen und mittelständischen Gewerbes, der sozialen, behördlichen, monetären und juristischen Dienstleistungen, der äußerst vielfältigen Bildungs-, Berufsbildungs- und Kulturangebote und schließlich der lebenswichtigen fachärztlichen, stationären und pflegenden Gesundheitsversorgung sind nötig, um die Versorgungserwartungen der Bevölkerung in Stadt und Region zu erfüllen.

Die Mittelweserregion steht vor gravierenden strukturellen Problemen. Demografischer Wandel bringt nicht nur Bevölkerungsverluste, sondern begünstigt auch einen Zuwachs an älteren Mitbürgern bei gleichzeitiger Abnahme der Erwerbsfähigen. Die Entwicklung traf jedoch bisher nicht so sehr das Mittelzentrum Nienburg als vielmehr die kleinen Ortschaften der Region. Dort wird es zunehmend schwieriger, funktionsfähige Versorgungseinrichtungen, finanzierbare Mobilitätsangebote, eine lebensfähige Schulgliederung und nachhaltige Siedlungsstrukturen aufrechtzuerhalten. Daraus folgt eine noch stärkere Rolle und Versorgungsverantwortung der Stadt innerhalb des Mittelweserraumes.

Soll angesichts der demografischen Prognosen die Schwächung der Region ausgeglichen werden, fällt es der Stadt zu, Angebote für Lebensqualität, regionale Identität, Bildungsmöglichkeiten und Chancengleichheit zu entwickeln, die auch für die Menschen des Umlands relevant sind. Vor dem Hintergrund der Entwicklung kann es kommunale Aufgabe sein, Schlüsselimmobilien zu erwerben, um für neue infrastrukturelle Herausforderungen Vorsorge zu treffen. Wir werden in Zukunft verstärkt auf bürgerschaftliches Engagement und Beteiligung der Zivilgesellschaft an kommunalen Aufgaben setzen. Anstelle begrenzter Public-Private-Partnership-Ansätze (PPP) können erweiterte Entwicklungspartnerschaften treten, an denen das Mittelzentrum, Gemeinden der Region, der Landkreis, die Zivilgesellschaft und Investoren beteiligt sind. Klar, bei Bildungsangeboten, zu denen auch die Förderung digitaler Kommunikationstechnik gehört, müssen Randgruppen mitgenommen werden. Doch ebenso muss für bildungsnahe Bevölkerungsschichten aus der Region in der urbanen Bildungslandschaft Platz sein.

Bauliche, funktionale und gestalterische Aufwertung der Stadt- und Ortszentren

Christian Kuthe

Aus dem Zukunftsforum der Niedersächsischen Landesregierung haben sich sieben zentrale Handlungsempfehlungen ergeben, die für die zukünftige Gestaltung der Stadt- und Ortszentren unter Berücksichtigung des demografischen Wandels ausgesprochen werden können. Ihnen liegt die grundsätzliche Erkenntnis zugrunde, dass der momentan zunehmende Leerstand in den Zentren deren Anziehungskraft auf die Bürgerinnen und Bürger sowie Gewerbetreibende erheblich mindert – ein Zustand, den es aufzuhalten und umzukehren gilt.

Einführung

Im demografischen Wandel verändern sich die Anforderungen an das Bauen und Wohnen. Die ländlichen Räume mit ihren kleinen und mittelgroßen Städten, mit ihren Dörfern und Siedlungen sind davon besonders betroffen. Die Änderung der Altersstruktur der Bevölkerung erfordert eine starke Zunahme altersgerechter Gebäude und Wohnungen. Angesichts der in vielen ländlichen Regionen rückläufigen Bevölkerungszahlen entstehen Überhänge an Wohnraum und Infrastruktur, die ebenfalls Anpassungen erfordern. Leerstände von Wohn- und Geschäftsräumen wirken sich dämpfend auf die Miet- und Kaufpreise aus. Während die baulichen Anpassungen also verstärkte Investitionen erfordern, signalisieren die Märkte über die rückgängigen Immobilienpreise eher ein nachlassendes Interesse am Wohnen und Leben in den ländlichen Räumen. Damit stellen sich zwei grundsätzliche Fragen:

- Wie können die baulichen Bestände gesichert und qualifiziert werden?
- Wie können Wohnungsangebote an die neue Altersstruktur und an Veränderungen der Ansprüche und Bedürfnisse, die sich aus dem sozialen Wandel ergeben, angepasst werden?

Diese Fragestellungen hat die Arbeitsgruppe »Stadt- und Ortszentren, Bauen und Wohnen im demografischen Wandel anpassen und gestalten«[1] im Rahmen des Zukunftsforums der Landesregierung aufgegriffen. In dem Bemühen, den Zusammenhang von Wohnen, Versorgen und Arbeiten als Einheit und als Ausdruck von Lebensformen zu verstehen, proklamiert die Arbeitsgruppe folgende strategische Ziele:

- Stadt- und Ortszentren als attraktive Versorgungsbereiche entwickeln
- Stadt- und Ortsteile, Dörfer und Quartiere in ihrer Wohnfunktion stärken

- generationen- und sozialgerechten Wohnraum fördern und gestalten

Vor diesem Hintergrund nimmt die Bedeutung der Stadt- und Ortszentren zu: Kompakte Siedlungsformen und kurze Wege, die Sicherstellung der Daseinsvorsorge für eine alternde und sich ausdifferenzierende Bevölkerung sowie neue Formen für die Bereitstellung von Versorgungsstrukturen einschließlich mobiler Dienste werden zu zentralen Herausforderungen einer zukunftsfähigen Entwicklung. Denn die Funktion der Stadtmitte, d.h. die Qualität ihrer Versorgungsleistung mit periodischen und aperiodischen Gütern sowie mit medizinischen, kulturellen und Freizeit-Angeboten bestimmt wesentlich die Lebensqualität in den ländlichen Räumen.

Dabei weist allerdings die Bausubstanz in der historischen Mitte der kleinen und mittelgroßen Städte oft deutliche Spuren von unterbliebener Instandhaltung und Modernisierung auf. Dies ist in der Regel ein Ausdruck der geschwächten Funktionen des Handels, der Kultur und des Wohnens in diesen Zentren.

Die geringe Nachfrage des Marktes führt zu Leerständen und Mietausfällen. Das wiederum führt vielfach dazu, dass sich Gebäudeeigentümerinnen und -eigentümer in ihrer Zurückhaltung von Investitionen bestätigt sehen. Diese negative Spirale wird noch verstärkt, wenn der öffentliche Raum der Stadtmitte ebenfalls gestalterisch vernachlässigt wird. Fehlen attraktive Handels- und Kulturangebote und fehlt es an Aufenthaltsqualität, dann
- nimmt die Frequenz der Besucherinnen und Besucher sowie Kundinnen und Kunden ab,
- verödet die Ortsmitte und
- der Renovierungsstau nimmt weiter zu.

In einer derartigen Situation können singuläre Investitionen kaum eine Trendumkehr bewirken. Wenn aber die Erneuerung von Geschäfts- und Wohnräumen mit einer attraktiven Gestaltung des öffentlichen Raums einhergeht, wird das Interesse der Menschen am Stadt- und Ortszentrum wieder geweckt. Grundsätzlich besitzen alle Stadt- und Ortszentren in Niedersachsen einen individuellen Charakter, der sich baulich, städtebaulich und gestalterisch ausdrückt. Das Stadtbild ist Ausdruck der Geschichte des Ortes – es ist identitätsstiftend und prägt das Bewusstsein der Menschen für ihren Ort. In diesem Sinne ist die Stadtmitte auch der identitätsstiftende Ort für die umgebende Region. Für die Strahlkraft der Ortsmitte sind der Erhalt und die Bewahrung der historischen Bausubstanz von wesentlicher Bedeutung. Der Erhalt ortsbildprägender Gebäude setzt aber ihre Nutzung voraus. Eine lebendige, lebenswerte Stadt braucht eine Stadtmitte mit einer attraktiven Mischung unterschiedlicher Angebote. Leerstände sind deshalb möglichst zu vermeiden. Ist die Weiternutzung in der bisherigen Weise nicht möglich, besteht fast immer die Chance zur Umnutzung, die durchaus besonders reizvoll gelingen kann.

Ausführlich hat die Arbeitsgruppe die Situation der Stadt- und Ortszentren, die bestehenden Defizite der Bausubstanz und die wünschenswerte städtebauliche Entwicklung diskutiert. Auf Grundlage dieser Debatte wurden sieben Handlungsempfehlungen erarbeitet. Darüber hinaus wurde eine umfangreiche Sammlung guter Beispiele angelegt. 80 gute Beispiele werden in dem Bericht des Zukunftsforums[2] ausführlich dargestellt.

Im Folgenden werden sechs Handlungsempfehlungen für die bauliche, funktionale und gestalterische Aufwertung der Stadt- und Ortszentren dargestellt. Damit verbunden sind gute Beispiele, die Hinweise geben für die gelungene praktische Umsetzung entsprechender Handlungsstrategien.

1. Handlungsempfehlung: Konzepte für eine integrierte, gesamthafte Orts- und Stadtentwicklungsplanung

Angesichts des demografischen und wirtschaftsstrukturellen Wandels ist die Orts- und Stadtentwicklung kein Selbstläufer mehr, sondern bedarf als strategische Aufgabe aktiver Unterstützung. Die klassischen Instrumente wie die Bauleitplanung oder Einzelhandelskonzepte sind weiterhin wichtig, reichen alleine jedoch meistens nicht mehr aus. Sie müssen durch neue Instrumente, Initiativen und Konzepte ergänzt werden. Es gilt, die Akteurinnen und Akteure vor Ort zu aktivieren, zu begeistern, zu professionalisieren und zu bewegen, etwas zu tun, um damit den Menschen vor Ort eine Perspektive für ihre Stadtentwicklung zu bieten.

Konzepte für eine integrierte, gesamthafte Orts- und Entwicklungsplanung ermöglichen eine umfassende und kompetente Steuerung und damit eine aktive Rolle der Städte und Gemeinden bei der Gestaltung ihrer Zukunft. Und sie geben den Überlegungen, Entscheidungen und Investitionen der Bürgerinnen und Bürger eine Orientierung. Diese offene Debatte über die Stadt, ihre Mitte und ihre Ortsteile kann dabei durchaus auch aus der Bürgerschaft oder der Wirtschaft angestoßen werden. Ideal ist ein Prozess, der von der kommunalen Seite wie von allen Teilen der Stadtgesellschaft gleichermaßen gestaltet wird.

Ein gutes Beispiel für dieses Verständnis von Stadtentwicklung ist Duderstadt: Dort setzen sich Stadtverwaltung, Bürgerschaft und Vereine (wie der Förderkreis für Denkmal- und Stadtbildpflege oder die Vereinigung der Einzelhändler) sowie die Initiative »Duderstadt 2020 – Eine Stadt in Bewegung« je nach Aufgabenstellung allein oder gemeinsam für die Entwicklung ihrer Stadt ein. Das Projekt »Duderstadt 2020 – Eine Stadt in Bewegung« ist eine private Initiative des Unternehmers Prof. Hans Georg Näder und soll Menschen dazu bewegen, sich für Duderstadt zu engagieren, Lebensqualität zu bewahren sowie Zukunftsperspektiven zu entwerfen. Um die Bevölkerung einzubinden ist es nötig, auch neue Wege auszuprobieren. »Duderstadt 2020 – Eine Stadt in Bewegung« ist hierfür ein gutes Beispiel. Die Initiative zeigt aber auch, wie schwierig es ist, Engagement dauerhaft sicherzustellen. Insgesamt liefert Duderstadt vorbildliche Ansätze für die Identifikation ihrer Bürgerinnen und Bürger, Vereine und Wirtschaft mit der Heimatstadt und stärkt zugleich das Engagement.

2. Handlungsempfehlung: Vorrang der Innenentwicklung, Weiter- und Wiedernutzung von Gebäuden und Grundstücken, ein vorausschauendes Baulücken- und Leerstandskataster betreiben

Wo die Bevölkerung zurückgeht, sinkt die Zahl der Haushalte und damit die Nachfrage nach Wohnraum. Wohnungsüberhänge treten auf. Mit zusätzlichem Neubau werden die Angebotsüberhänge noch erweitert und der Preisverfall der Immobilien beschleunigt.

Leerstand betrifft tendenziell ältere Gebäude, auch historisch wertvolle Bausubstanz. Mangelnde Qualität der Bausubstanz und am Neubau orientierte Wohnbedürfnisse lassen eine Abwärtsentwicklung besonders in den Ortskernen befürchten. Das hat negative Auswirkungen auf deren Ausstrahlung und Funktionsfähigkeit für Wohnen, Handel, Dienstleistungen und Kultur.

Strategien sind gefragt, die die Stabilisierung der Ortskerne verfolgen (Innenentwicklung), die einerseits eine generationengerechte und energieeffiziente Umgestaltung des Bestands befördern und andererseits nicht mehr gängige Wohngebäude vom Markt nehmen. Die Weiter- und Umnutzung von Gebäuden erhält die Unverwechselbarkeit der Orte, führt zu deren Belebung, ermöglicht individuelles Wohnen und ist nachhaltig. Die Erfassung des Leerstands und der Baulücken macht Handlungsbedarf deutlich und zeigt Möglichkeiten der Nachverdichtung auf.

Auf beispielgebende Weise stellt der Landkreis Emsland seinen Kommunen ein Geoinformationssystem (GIS) zur Verfügung. Den emsländischen Kommunen wird von der Landkreisverwaltung seit dem Jahre 2011 kostenfrei eine GIS-Analyse angeboten, durch die sich bildhaft und räumlich verortet darstellen lässt, ob beispielsweise Siedlungsgebiete von einer Überalterung betroffen sind oder eine Gefährdung besteht. Diese Methode hat sich als geeignetes Demografie-Instrument zur Sensibilisierung der Verwaltung und Politik vor Ort erwiesen. Insgesamt bietet die GIS-Analyse den beteiligten Kommunen eine vielfältig brauchbare Planungsgrundlage. So sind mögliche Potenziale und Problembereiche für die künftige Quartiers- bzw. Siedlungsentwicklung präzise zu erkennen. Denn Voraussetzung für die Wahl geeigneter Instrumente ist zunächst einmal eine genaue Kenntnis der Leerstands- bzw. Gebäudesituation, der Altersstrukturen der Bürgerinnen und Bürger, der vorhandenen Infrastruktur und des sozialen Umfelds.

Die GIS-Analyse ist ein ideales Instrument, um für vorhandene Wohnquartiere weitergehende Maßnahmen vorzubereiten, wie z. B. die Anpassung der Infrastruktur, die Sicherung der Nahversorgung, den Aufbau eines Baulückenkatasters oder spezielle Serviceangebote.

In den Ortskernen kleinerer und mittelgroßer Städte sind brachgefallene Grundstücke vielfach nur schwer veräußerbar. Baulücken warten auf ihre Schließung, innerstädtische Brachen auf eine Neubebauung. Die Wiedernutzung dieser voll erschlossenen und zentral gelegenen Grundstücke ist zur Stabilisierung der Stadt- und Ortskerne erforderlich. Eine beispielhafte Strategie zur Wiedernutzung von Baulücken hat die Architektenkammer Sachsen-Anhalt seit 2008 initiiert. Sie hat mit Förderung des Landes Sachsen-Anhalt bislang viermal den Wettbewerb »Mut zur Lücke« (Abb. 1) durchgeführt. Dieser ist hervorragend geeignet, den Blick auf Bauaufgaben im Bestand der Ortskerne zu lenken, den Wert der dort vorhandenen Lücken für das Wohnen und für die Stadtgestaltung zu vermitteln. Er regt die Diskussion um innerstädtisches Bauen, Gestalten und Wohnen an und trägt zu einer Stärkung der Ortsmitte bei. Bauwillige, die sich die Vorzüge des individuellen Wohnens in der Stadt ohne konkrete Planungen kaum vorstellen können, erhalten so »Anschauungsmaterial«. Die realisierten Beispiele, die Dokumentation und die Ausstellung zum Wettbewerb machen Mut zur Nachahmung und stärken die Baukultur.

Abb. 1: Mut zur Lücke, Neubau in Quedlinburg. Foto: Günter Piegsa

3. Handlungsempfehlung: Innenstädte und Ortskerne mit ihren sozialen, kulturellen und geistlichen Versorgungsfunktionen stärken, öffentliche Räume aufwerten

In ländlich geprägten Regionen kommt den Zentren der kleinen Städte und den Ortskernen der umliegenden Dörfer hinsichtlich ihrer Versorgungsfunktion in wirtschaftlicher, sozialer, kultureller und nicht zuletzt seelsorgerischer Funktion eine erhebliche Bedeutung zu. Im Zuge eines fortschreitenden demografischen Wandels und eines damit einhergehenden langsamen wirtschaftlichen Niedergangs wird diese Funktion fortschreitend geschwächt. Dies äußert sich in den kleinen Städten oft in Form von geschlossenen Gastronomiebetrieben, der Schließung von Kinos und der Verlagerung kultureller Angebote in die nächstgrößere Stadt. Die Innenstadt verödet langsam, die ehemals schönen Fassaden wirken ungepflegt, der tägliche Bedarf wird am Ortsrand im lokalen Discounter befriedigt.

In den kleinen Dörfern schließt der letzte Dorfladen mangels auskömmlicher Nachfrage, die Gastwirtschaft mit Saalbetrieb gibt mangels Nachfolge auf. Gibt es kein Dorfgemeinschaftshaus oder eine Sportgaststätte, dann können Familien- und Vereinsfeiern nicht mehr im angemessenen Rahmen im Ort selber durchgeführt werden. Wird in der alten Kirche nicht regelmäßig Gottesdienst gefeiert und gibt es kein aktives Gemeindeleben in einem attraktiven Gemeindehaus, dann schwindet langsam auch das geistliche Leben in kleinen Ortschaften.

Ein gutes Beispiel, wie die Stadtmitte durch öffentliche und private Maßnahmen attraktiv gemacht werden kann, gibt die Initiative »Holzminden macht's« (Abb. 2 und 3). Ziele dieser privaten Initiative waren die Verbesserung der Aufenthaltsqualität und die Belebung der Innenstadt von Holzminden,

Abb. 2: Marktplatz in der Innenstadt von Holzminden.
Foto: Christian Kuthe

Abb. 3: Sitzstufen und Pflanzkübel auf dem Weserkai, Holzminden. Foto: Jens-Martin Wolff

indem durch gestalterische Verbesserung der Innenstadt in Verbindung mit einer Neugestaltung des Weserkais positive Effekte für die Entwicklung der Innenstadt erzielt wurden. Für »Holzminden macht's« haben sich Innenstadtakteurinnen und -akteure (Kaufleute, Gastronomen, Grundstückseigentümer, Freiberufler etc.) mit der Stadt Holzminden und der Stadtmarketing-Gesellschaft zusammengeschlossen. Im Zentrum der Stadt ist ein Beleuchtungskonzept umgesetzt worden. Etliche der für die Geschichte und das Bild der Stadt bedeutsamen Gebäude erstrahlen in einem neuen Licht. Einen besonderen optischen Effekt erzielte man durch eine neue Beleuchtung in der Neuen Straße, in der neben dem Rathaus und dem Kreishaus viele weitere Baudenkmale stehen. Ebenfalls ausgeleuchtet werden der Silo am Weserkai und die Förderschule an der Weser. Das Bild wird durch eine neue Illumination der Bäume rund um den Marktplatz abgerundet. Dem Marktplatz wurde damit in den Abendstunden eine besondere Atmosphäre verliehen. Das Erneuerungsprogramm der Initiative wurde vom Sozialministerium im Rahmen der »Modellförderung Quartiersinitiative Niedersachsen« (QiN) gefördert. Auf der Grundlage eines konzeptionellen Rahmens wurden bei der Erneuerung der Stadtmitte Holzmindens die Handels- und Kulturangebote gestärkt und der öffentliche Raum aufgewertet. Dabei sind die privaten Akteurinnen und Akteure der Innenstadt nicht lediglich informatorisch eingebunden, sondern sie sind mit ihrer Ini-

Abb. 4: Kirche St. Martini in Lenglern, Baujahr 1779, Instandsetzung 2005/06.
Foto: Studio3 Fotodesign, Hildesheim

tiative »Holzminden macht's« ein starker Antreiber und Motor dieser Aufwertung. Die Pflege des Stadtbildes und der Baudenkmale sind wichtige Elemente der Erneuerung.

Gute Beispiele, wie auch bei rückläufigen Mitgliederzahlen die seelsorgerische Versorgung und das Gemeindeleben mit Qualität aufrechterhalten werden können, hat die Ev.-luth. Landeskirche Hannover realisiert. Angesichts abnehmender Gemeindeaktivitäten, einer abnehmenden Zahl der Gottesdienste und hoher Betriebskosten wurden Ansätze entwickelt, den Gebäudebestand zu reduzieren. Zentrales Anliegen ist dabei, die Kirche als Raum für den Gottesdienst, als wertvolles Kulturgut und als Ort der Identifikation für das ganze Dorf oder die kleine Stadt zu erhalten und wieder intensiver zu nutzen. Es sind dabei in mehreren Fällen, zum Beispiel in Lenglern (Abb. 4 und 5) und Moringen in architektonisch und denkmalpflegerisch hochwertiger Ausführung Gemeinderäume in die Kirchen eingebaut worden. In diesen Kirchen mit erweitertem Raumprogramm finden die Gottesdienste und Gemeindeaktivitäten statt. Darüber hinaus bieten sie attraktive Räume für Kulturveranstaltungen wie Konzerte, Filmvorführungen und Lesungen.

Abb. 5: Einbau von freistehenden Multifunktionsräumen unter der Orgelempore 2006, Lenglern.
Foto: Studio3 Fotodesign, Hildesheim

4. Handlungsempfehlung: Private Initiativen als Partnerinnen der Orts- und Stadtentwicklung einbeziehen

Durch Leerstände und unattraktive Angebote sinkt die Besucherzahl eines Stadt- oder Ortszentrums. Umsatzrückgänge und eine sichtbare, fortschreitende Verödung sind die Folgen. Die Belebung kann in dieser Situation nur gelingen, wenn das Angebot von Handel, Kultur und Dienstleistung und die Qualität des öffentlichen Raums gleichermaßen verbessert und zeitgemäß gestaltet werden. Dafür ist es erforderlich, private Initiativen in die Orts- bzw. Stadtentwicklung einzubeziehen. Eine breite und aktive Gemeinschaft der Grundstückseigentümer, Geschäftsleute und anderen Innenstadtakteure sowie ein enges und verlässliches Zusammenwirken von Politik und Verwaltung mit den Privaten sind die entscheidenden Grundlagen, um wieder private und öffentliche Investitionen für ein attraktives und lebendiges Zentrum zu erreichen.

In beispielhafter Weise fördert der Landkreis Osnabrück das Engagement der privaten Akteure in seinen Gemeinden (vgl. den Beitrag von Klaus Mensing in diesem Heft). Aus Sicht des Landkreises ist es notwendig, die Ortskernentwicklung sowohl in der Politik und Verwaltung, wie auch in den Werbegemeinschaften als aktive Aufgabe zu begreifen, frühzeitig Konzepte und Maßnahmen zu erarbeiten und diese auch umzusetzen. Der Landkreis fördert deshalb die »PlanerWerkstätten« für die Akteurinnen und Akteure vor Ort – Kaufmannschaft, Dienstleiterinnen und Dienstleister, Gastronominnen und Gastronomen, Immobilieneigentümerinnen und -eigentümer und die Gemeinde – um ihr Engagement für den Ortskern zu wecken. In den »PlanerWerkstätten« werden mit den Akteurinnen und Akteuren die anstehenden Probleme analysiert und entsprechende kurzfristig umsetzbare Lösungen erarbeitet. Mit dem »Zukunftsfonds Ortskernentwicklung« gibt der Landkreis finanzielle Anreize für die investiven Maßnahmen in Gebäude, Geschäfte und den (halb-)öffentlichen Raum. Die angestoßenen Prozesse und die sichtbaren Erfolge motivieren zum Weitermachen und tragen zur Entwicklung selbsttragender Strukturen bei. Die Fördergelder wie auch die Gesamtinvestitionen bewirken direkt vor Ort deutlich sichtbare und wirksame Effekte. Durch die Mobilisierung privater Investitionen wird dem Funktionsverlust der Mitte aktiv und zielgerichtet entgegengesteuert.

5. Handlungsempfehlung: Stadt- bzw. Ortsbild pflegen, Baukultur fördern, Kulturdenkmale bewahren, Kommunikationsprozesse bei der Ortsentwicklung initiieren und unterstützen

Handel, Dienstleistungen, Kultur, Tourismus, Wohnen und Freizeit sind auf städtebaulich und architektonisch attraktive Zentren angewiesen. Ein Stadt- bzw. Ortszentrum muss dabei vielen Ansprüchen zugleich gerecht werden: als vitaler Handelsort, als gesellschaftlich-kultureller Treffpunkt sowie als attraktiver und identitätsstiftender Ort mit einer hohen Aufenthaltsqualität. Um das zu erreichen, sind baukulturell wirksame, qualitätvolle Maßnahmen umzusetzen. Dazu bedarf es wiederum funktionierender, strategischer Partnerschaften aus Politik und Verwaltung sowie aus Eigentümerinnen und Eigentümern, Einzelhändlerinnen und Einzelhändlern, Gewerbetreibenden und Bürgerinnen und Bürgern. Die Bildung solcher tatkräftiger »Quartiersallianzen«, die individuelle Profilierung der einzelnen Standorte sowie das unverwechselbare Erscheinungsbild der gebauten Umgebung und des öffentlichen Raums sind entscheidende Voraussetzungen für attraktive und vitale Siedlungsräume.

Ein besonders gelungenes Beispiel, wie historische Gebäude mit Kreativität um- und weitergenutzt werden können, bietet die Bürgergenossenschaft Hann. Münden (Abb. 6–8). Um das Stadtzentrum zu stärken, kaum genutzte Gebäude zu revitalisieren und damit dem Leerstand entgegenzuwir-

Abb. 6: Freiwillige Helferinnen mischen Mauermörtel an, Bürgergenossenschaft Hann. Münden.
Foto: Photo Burkhardt, Hann. Münden

Abb. 7: Mitglieder der Bürgergenossenschaft beim Transport von ökologischem Dämmmaterial.
Foto: Photo Burkhardt, Hann. Münden

Abb. 8: Das renovierte Gebäude der Bürgergenossenschaft Hann. Münden.
Foto: Photo Burkhardt, Hann. Münden

ken, gründeten Mündener Bürgerinnen und Bürger im Februar 2013 die Bürgergenossenschaft »Mündener Altstadt e.G.«. Als erstes Projekt sollte ein seit vielen Jahren leerstehendes, durch Brand geschädigtes Fachwerkhaus saniert und einer neuen Nutzung zugeführt werden. Im Rahmen einer besonderen Aktion sollte innerhalb von neun Tagen rund um die Uhr die Renovierung durchgeführt werden. Diese »9mal24«-Aktion wurde durch die Bevölkerung, die örtlichen Geschäfte, die Stadtverwaltung, Gastronomiebetriebe und Unternehmen mit Sach- und Geldspenden sowie Arbeitsleistung unterstützt. Die intensive Vorbereitung und die Unterstützung durch die Presse führten dazu, dass auch auswärtige Helferinnen und Helfer auf der Baustelle tätig waren. Wenn auch die Sanierung nach neun Tagen nicht abgeschlossen werden konnte, ist es durch den Einsatz von etwa 200 ehrenamtlichen Helferinnen und Helfern letztlich gelungen, aus einem wirtschaftlichen Totalschaden ein voll vermietetes Wohn- und Bürogebäude zu schaffen.

6. Handlungsempfehlung: Zusammenarbeit benachbarter Gemeinden, Koordination und Kommunikation über Grenzen hinweg

Bei rückläufiger Bevölkerungszahl verringern sich die Chancen, im dünn besiedelten Raum die Daseinsvorsorge aufrechtzuerhalten. Die Tragfähigkeit für Kindergärten und Schulen, für Arztpraxen und Apotheken sowie für den Lebensmitteleinzelhandel und Dienstleistungen (z.B. Schuster, Reinigung) ist bedroht. Ein Überangebot an Wohnbauland hilft dabei nicht, ein geringes Nachfragepotenzial zu erhöhen. Die problematische Lage wird noch schwieriger, wenn in dieser Situation die benachbarten Gemeinden gegeneinander arbeiten. Eine gute Gesamtsituation für die Gemeinden, für die Bevölkerung und für die Träger der Versorgungseinrichtungen kann nur erreicht werden, wenn die benachbarten Gemeinden ihre Bemühungen um die Stabilisierung der Bevölkerungszahl und die Sicherung der Daseinsvorsorge aufeinander abstimmen. Sie sollten arbeitsteilig agieren, wenn z.B. nicht an jedem Ort eine Schule oder ein Schwimmbad aufrechterhalten werden kann.

Daseinsvorsorge zu sichern und ein attraktives und vielfältiges Wohnungsangebot zu schaffen, sind zentrale Handlungsfelder für eine nachhaltige Entwicklung kleinerer Städte und Gemeinden. Deren gemeinsame, integrierte Entwicklung sichert vorhandene und schafft neue Lebensqualität. Mit dem Programm »Kleinere Städte und Gemeinden« der Städtebauförderung werden Kommunen gezielt unterstützt, wenn sie überörtlich zusammenarbeiten und gemeinsame Strategien zur Sicherung der Daseinsvorsorge umsetzen. Dabei ist die Wohnfunktion ein strategisches Handlungsfeld. Durch ein zentral gelegenes, attraktives Wohnangebot wird die Nachfrage geschaffen, die für die Einrichtungen der Daseinsvorsorge erforderlich ist. Die Gemeinde als Ankerpunkt für die umgebende Region wird dadurch gestärkt. Das Zusammenspiel von Wohnen und Daseinsvorsorge kann die zentralen Bereiche der Kommunen revitalisieren, Leerstände reduzieren und damit die Innenentwicklung fördern.

Ein gutes Beispiel für die Umsetzung des Programms »Kleinere Städte und Gemeinden« sind das Netzwerk und die Kooperation der Samtgemeinde Eilsen und der Stadt Obernkirchen. Durch die Kooperation sollen im Bereich der Verwaltung Synergieeffekte erzielt werden und die Kureinrichtungen, medizinischen Angebote und Gesundheitsdienstleistungen gestärkt werden. Mit den Städtebauförderungsmitteln wurde die Sanierung des ehemaligen Kurtheaters und Kursaals gefördert. Die dort stattfindenden kulturellen Veranstaltungen haben überregionale Ausstrahlung. Das Beispiel zeigt, dass bei guter Abstimmung der benachbarten Gemeinden auch in strukturschwachen Räumen eine Sicherung und Stärkung der Versorgungsstrukturen möglich ist, die sich hier mit einer Wiedernutzung stadtbildprägender Gebäude verbindet.

Schlussbemerkung

Für die Revitalisierung der Stadtzentren in den kleineren und mittelgroßen Städten in den ländlichen Räumen hat das Zukunftsforum nicht nur Handlungsempfehlungen an die örtlichen Akteure formuliert. Abgeleitet aus den Erfahrungen der guten Beispiele gibt das Zukunftsforum in seinem Bericht auch eine Vielzahl von Hinweisen an die Landesregierung, wie die Projekte und Prozesse vor Ort wirkungsvoll unterstützt werden können.

Mehr oder weniger deutlich erkennbar besitzen alle Stadt- und Ortszentren in Niedersachsen einen individuellen Charakter, der sich baulich, städtebaulich und gestalterisch ausdrückt. Dieses Stadtbild ist Ausdruck der Geschichte des Ortes; es ist identitätstiftend und prägt das Bewusstsein der Menschen für ihren Ort. In diesem Sinne ist die Stadtmitte auch der identitätstiftende Ort für die umgebende Region.

Für die Strahlkraft der Ortsmitte sind der Erhalt und die Bewahrung der historischen Bausubstanz von wesentlicher Bedeutung. Der Erhalt ortsbildprägender Gebäude erfordert ihre Nutzung, die sich auch ökonomisch tragen muss. Ist die Weiternutzung in der bisherigen Weise nicht möglich, sollten geeignete Möglichkeiten zur Umnutzung gesucht werden.

Sowohl auf der Ebene des Einzelgebäudes wie auch auf der Ebene von Stadt und Region schafft der demografische und wirtschaftliche Wandel Problemlagen und Herausforderungen, für deren Lösung ein gut abgestimmter Rahmen von öffentlichen und privaten Maßnahmen erforderlich ist. Daraus folgt, dass ein gutes Zusammenwirken der öffentlichen und privaten Akteure die wichtigste Voraussetzung ist, um Stagnation und Perspektivlosigkeit zu überwinden. Die guten Beispiele zeigen darüber hinaus auch, dass es für die inhaltliche Erarbeitung des privat-öffentlichen Kooperationsrahmens darauf ankommt, bedarfsgerechte und spezifisch dem Ort und seinen Begabungen entsprechende Handlungsansätze und Maßnahmen zu finden. Auf diese Weise und mit Phantasie und Kreativität sollte es gelingen, vitale und lebenswerte Innenstädte auch in kleinen Städten wiederzugewinnen, wo die Menschen gerne hingehen und sich gerne aufhalten.

Anmerkungen

1 Nds. Staatskanzlei (Hrsg.): Empfehlungen des Zukunftsforums Niedersachsen: Starke Städte und lebendige Dörfer in den ländlichen Räumen. Hannover 2016, S. 130ff.
2 Ebd.

Walsrode – Mittelzentrum im südlichen Heidekreis

Helma Spöring, Bürgermeisterin der Stadt Walsrode

© Region Hannover, Foto: Mirko Bartels

In Walsrode leben ca. 25 000 Einwohner, davon 15 000 in der Kernstadt und 10 000 in 22 Ortschaften. Walsrode ist Mittelzentrum für die Kommunen im südlichen Heidekreis. In der Kernstadt werden alle Schulformen angeboten, ebenso ein Krankenhaus mit guter ärztlicher Versorgung sowie Einkaufsmöglichkeiten und viele Dienstleistungsangebote. Die Kernstadt von Walsrode ist der Anker für die Ortschaften der angrenzenden Nachbarkommunen.

Walsrode liegt als Teil des Heidekreises im Städtedreieck der Metropolen Hannover, Hamburg und Bremen. Die Stadt ist sehr gut über Autobahnen erschlossen. Die Heidebahn wurde in den letzten Jahren ausgebaut, sodass sich die Situation im öffentlichen Nahverkehr verbessert hat. Ein großer Pluspunkt ist die abwechslungsreiche Kulturlandschaft.

Aber wie in vielen Mittelzentren dieser Größenordnung findet man auch in der Kernstadt einen Leerstand, da die von Eigentümern geführten Geschäfte aufgegeben worden sind. In den Ortschaften geben Lebensmittelgeschäfte auf und die Post, Sparkassen und Banken dünnen ihr Filialnetz weiter aus. Eine aktuelle Bürgerbefragung hat bestätigt, dass die Bürgerinnen und Bürger von Walsrode insbesondere in Hannover und bei Dodenhof im Landkreis Verden einkaufen. Damit fließt viel Kaufkraft aus der Region ab.

Der ländliche Raum braucht seine kleinen Städte und seine Mittelzentren, um nicht komplett auszubluten. Hier muss es ein Angebot für die Daseinsvorsorge geben, ebenso aber auch den Einzelhandel und Dienstleistungsbetriebe. Das Angebot aller Schulformen und die ärztliche Versorgung sind elementar wichtig, um alle Generationen in der Region halten zu können. Dies trifft somit nicht nur für die Stadt Walsrode, sondern auch für die Nachbarkommunen zu. Die Einwohner der Region erwarten nach einer aktuellen Befragung für die Zukunft neben einer Breitbandversorgung den Erhalt des Krankenhauses, eine verbesserte Aufenthaltsqualität in der Innenstadt mit Restaurants und Cafés, ein Kulturprogramm und gepflegte Freizeitanlagen. Für das Einkaufserlebnis spielt die Aufenthaltsqualität in der Kernstadt eine große Rolle.

Walsrode ist sich seiner Verantwortung für die Region bewusst. Neben der Dorfentwicklung für die Ortschaften nutzt Walsrode seit 2016 das Städtebauförderungsprogramm »Aktive Stadt- und Ortsteilzentren«. Im Bereich Regionalplanung, Tourismus, Kultur- und Wirtschaftsförderung arbeitet die Stadt Walsrode eng mit den Nachbarkommunen und dem Heidekreis zusammen. Ein gemeinsames Leader-Regionalmanagement unterstützt bei der gemeinsamen Weiterentwicklung unserer Kommunen.

Durch die Landesregierung werden über verschiedene Programme EU-, Bundes- und Landesmittel zur Verfügung gestellt. Es ist nicht immer leicht, alle Planungs- und Förderinstrumente zu erkennen und Projekte gleichzeitig zu finanzieren. Das Planungsrecht wird zudem immer komplexer und erfordert lange Planungszeiträume.

Mittelzentren erfüllen eine wichtige Rolle für den ländlichen Raum. Die Lage zwischen den Metropolen ist, wie das Beispiel Walsrode zeigt, Chance und Risiko zugleich. Ohne eine attraktive Kernstadt haben es auch die umliegenden Ortschaften schwer, die Bevölkerungszahl zu halten. Dieses Bewusstsein muss bei der Ausgestaltung der Finanzierungsinstrumente und im Planungsrecht berücksichtigt werden. Die Städte in der Größenordnung von Walsrode dürfen zwischen den Oberzentren und der Förderung der Dörfer nicht vergessen werden.

Klein- und Mittelstädte als Wirtschaftsstandorte in den ländlichen Räumen von Niedersachsen

Hans-Ulrich Jung

1. Einleitung

In der aktuellen Diskussion um die zukünftigen Herausforderungen der Entwicklung ländlicher Räume wird zunehmend die Bedeutung der mittleren und kleineren zentralen Orte herausgestellt. Aus Sicht der Regionalplanung stehen vor allem die Versorgung der Bevölkerung mit öffentlicher Infrastruktur und Gütern und Dienstleistungen des täglichen und periodischen Bedarfs sowie die Erreichbarkeit von zentralen Einrichtungen z. B. der Gesundheitsversorgung im Vordergrund. In besonderer Weise stellt sich die Problematik der Leistungsfähigkeit des Öffentlichen Personennahverkehrs für Personen mit z. B. altersbedingt eingeschränkter Mobilität. Der absehbare demografische Wandel mit rückläufigen Schüler- und Einwohnerzahlen und steigenden Anteilen älterer und hochbetagter Menschen wird diese Problematik in den meisten Regionen beträchtlich verschärfen.
Ein weniger beachteter Aspekt ist die Bedeutung der Wirtschaft für die Gesamtentwicklung von ländlichen Räumen, die häufig als stark landwirtschaftlich geprägt und in weiten Teilen als struktur- und entwicklungsschwach angesehen werden. Im Folgenden soll deshalb besonders die Rolle der Klein- und Mittelstädte als Wirtschaftsstandorte für die wirtschaftliche Entwicklung der ländlichen Räume herausgearbeitet werden. Dazu ist es notwendig, für die ländlichen Räume auf der Basis von Pendlerverflechtungen regionale Arbeitsmärkte abzugrenzen. Die Strukturen und Entwicklungstrends der ländlichen Arbeitsmarktregionen und ihrer zentralen Klein- und Mittelstädte können dann den großstädtischen Räumen und ihren Zentren gegenübergestellt werden.

2. Grundzüge der Siedlungs- und Raumstruktur in Niedersachsen

Die zugrunde gelegte Regionalisierung geht von den Arbeitsmarktzentren und ihren Verflechtungsbereichen aus, die auf der Basis von dominierenden Pendlerströmen gemeindescharf[1] abgegrenzt worden sind (Karte 1). Diese räumliche Differenzierung bietet gegenüber einer kreisscharfen Abgrenzung den Vorteil, dass die funktionalen Verflechtungen präziser abgebildet werden und auch Einzugsbereiche kleinerer Zentren einbezogen werden können. Dieser Vorteil einer gemeindescharfen Abgrenzung hat auf der anderen Seite allerdings den Nachteil, dass wichtige regionalwirtschaftliche Daten in der Regel für die Gemeindeebene nicht vorliegen[2].

Im Fokus der folgenden Betrachtungen stehen die Zentren der großstädtischen und ländlichen Räume, die als Arbeitsmarktzentren in der Regel deutliche Einpendlerüberschüsse verzeichnen. Klein- und Mittelstädte, die keine dominierenden Pendlerströme aus (benachbarten) Gemeinden auf sich ziehen, werden im Folgenden nicht einbezogen. Dies betrifft vor allem Standorte im unmittelbaren Umfeld der Großstädte wie Langenhagen, Garbsen, Laatzen im Umfeld von Hannover oder Gifhorn im Umfeld von Wolfsburg.

Alle Verflechtungsbereiche mit einem großstädtischen Zentrum von mehr als 100 000 Einwohnern werden im Folgenden als großstädtische Räume bezeichnet und die übrigen Verflechtungsbereiche als ländliche Räume.

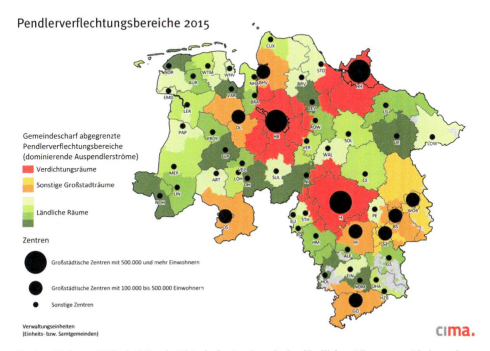

Karte 1: Klein- und Mittelstädte als Wirtschaftsstandorte in den ländlichen Räumen von Niedersachsen

Für die großstädtischen Zentren ergeben sich aufgrund ihrer Attraktivität als Wirtschaftsstandorte mit einem differenzierten Angebot an Beschäftigungsmöglichkeiten teilweise weit ausgedehnte Verflechtungsbereiche. Auf die kleineren Zentren sind teilweise nur eine oder wenige Nachbargemeinden ausgerichtet. Insgesamt lässt sich Niedersachsen damit in zehn großstädtische und 45 ländliche Verflechtungsbereiche untergliedern. Wegen der geringen Größe und der starken gegenseitigen Verflechtungen sind die Pendlerverflechtungsbereiche Bückeburg und Rinteln sowie Osterode und Herzberg jeweils zusammengefasst worden.

Die ländlichen Räume bzw. ihre Zentren werden in den folgenden Auswertungen nach den ehemaligen Regierungsbezirken, den Regionen der heutigen Ämter für regionale Landesentwicklung, sortiert. Die Bezeichnung »Bezirke« bezieht sich hier auf die in der amtlichen Statistik gebräuchliche Benennung als »Statistische Bezirke«.

3. Wirtschaft: Branchenstruktur und Beschäftigungsdynamik

Das wirtschaftliche Gewicht und die Branchenstruktur der Städte und Regionen werden im Folgenden anhand der sozialversicherungspflichtig Beschäftigten am Arbeitsort analysiert. Dabei muss in Kauf genommen werden, dass Beamte und Selbständige, die nicht der Sozialversicherungspflicht unterliegen, ausgeblendet bleiben. Daten der Volkswirtschaftlichen Gesamtrechnung sowie die umfassende Erwerbstätigenrechnung liegen auf der Gemeindeebene leider nicht vor.

3.1 Wirtschaftsstandorte

Die Bedeutung der Zentren der großstädtischen und ländlichen Räume kann anhand von zwei Indikatoren erfasst werden. Die Beschäftigten am Arbeitsort zeigen die absolute Größe des Wirtschaftsstandorts, während der Beschäftigtenbesatz die absolute Zahl der Beschäftigten am Arbeitsort auf die Bevölkerungsgröße bezieht und damit die (relative) Zentralität als Wirtschaftsstandort abbildet[3].
Der Zahl der Beschäftigten am Arbeitsort je 100 Einwohner liegt in Niedersachsen (36) geringfügig unter dem Bundesdurchschnitt (38)[4]. Der Beschäftigtenbesatz der großstädtischen Räume (42) ist insgesamt deutlich höher als derjenige der ländlichen Räume (34), d.h. die wirtschaftlichen Aktivitäten konzentrieren sich in besonderer Weise in den großstädtischen Räumen, und in den ländlichen Räumen ist die Relation zwischen Arbeitsplätzen und Einwohnern deutlich ungünstiger (Abb. 1). Dies erklärt die beträchtlichen Pendlerströme aus den

ländlichen Räumen in die großstädtischen Zentren und ihr Umland.

- Unter den großstädtischen Pendlerverflechtungsbereichen beobachten wir allerdings auch deutliche Unterschiede. Die Spitzenpositionen nehmen Wolfsburg und Hamburg ein, mit Abstand folgen Osnabrück, Hannover und Oldenburg. Die niedrigsten Werte haben die Regionen Bremerhaven und Hildesheim.
- Bei den ländlichen Räumen haben die Pendlerverflechtungsbereiche in Weser-Ems und im Bezirk Lüneburg einen durchschnittlich höheren Besatz als diejenigen in den Bezirken Leine-Weser und Braunschweig.
- Den niedrigsten Beschäftigtenbesatz haben die Arbeitsmarktregionen Lüchow-Dannenberg, Lüneburg und Bremervörde im Bezirk Lüneburg, Varel, Leer und Norden in Weser-Ems, Alfeld, Stadthagen und Sulingen im Bezirk Leine-Weser sowie Peine im Bezirk Braunschweig.
- Ausgesprochen hoch ist der Beschäftigtenbesatz hingegen in den Pendlerverflechtungsbereichen von Vechta, Lohne, Aurich, Emden, Lingen und Meppen im westlichen Niedersachsen, in den Bereichen Verden, Rotenburg und Zeven im Bezirk Lüneburg sowie mit Abstand in den Pendlerverflechtungsbereichen Northeim im Bezirk Braunschweig und Diepholz im Bezirk Weser-Leine.

Der Beschäftigtenbesatz der Zentren ist jeweils beträchtlich höher, weil die Arbeitsplätze in der Regel stärker auf die großstädtischen bzw. städtischen Zentralen Orte ausgerichtet sind als die eher dispers siedelnde Bevölkerung (Abb. 2).

- Einen extrem über die jeweilige Region hinausragenden Beschäftigtenbesatz weist Wolfsburg auf, aber auch in Hannover, Osnabrück, Göttingen und Hildesheim ist er deutlich höher.
- In den ländlichen Räumen gibt es ebenfalls einige stark über ihre Region herausragende Zentren, in denen sich dementsprechend die Arbeitsplätze konzentrieren und die dementsprechend die wirtschaftliche Entwicklung ihrer Regionen in besonderer Weise prägen. Beispiel dafür sind Emden, Leer und Papenburg sowie Aurich und Lingen im westlichen Niedersachsen, Lüneburg, Stade, Rotenburg, Verden sowie Soltau und Celle im Bezirk Lüneburg, Holzminden im Bezirk Leine-Weser sowie Osterode und Goslar im Bezirk Braunschweig.

3.2 Branchenstruktur

Die Branchenstruktur der Städte ist für deren wirtschaftliche Entwicklung von großer Bedeutung. Vor allem das Gewicht als »Industriestandort« spielt wegen der Prägung durch überregionale oder sogar internationale Verflechtungen und den Abhängigkeiten von jeweiligen Kompetenzen und Stärken im Qualitäts- und Preiswettbewerb eine wichtige Rolle. Die Dienstleistungen sind demgegenüber in der Regel zunächst einmal auf die lokale bzw. regionale Nachfrage ausgerichtet und bilden damit die typischen zentralörtlichen Funktionen der Städte ab. Es gibt aber vor allem bei den größeren Städten auch darüber hinausgehende Spezialisierungen auf Dienstleistungen mit überregionalen bzw. internationalen Marktgebieten, die sich in einem weit überdurchschnittlichen branchenspezifischen Beschäftigtenbesatz ausdrücken. Beispiele dafür sind Hamburg als Standort der Werbewirtschaft, Hannover als Versicherungsstandort, Göttingen als Wissenschaftsstandort oder Hameln als Standort der Finanzdienstleistungen.

Etwa 30 % der Beschäftigten (104[5]) entfallen in Niedersachsen auf das Produzierende Gewerbe[6].

- Unter den Großstädten liegt der durchschnittliche Anteil mit 21 % (73) weit niedriger. Die großen niedersächsischen Industriestandorte Salzgitter[7] (208) und Wolfsburg[8] (200) hingegen sind extrem auf das produzierende Gewerbe ausgerichtet. In Wolfsburg sind allerdings in den letzten Jahren (eng mit dem Fahrzeugbau verbundene) Dienstleistungsfunktionen wie Forschung und Entwicklung, Planung und Beratung, aber auch Unterhaltung[9] stark gewachsen.
- Vergleichsweise gering ist insgesamt das Gewicht des produzierenden Gewerbes in Hannover (63) und Hamburg (55), wenngleich beide auch Standorte bedeutsamer Industrieunternehmen des Fahrzeugbaus und deren Zulieferindustrie bzw. des Luftfahrzeugbaus sind.
- In den Dienstleistungsstandorten Göttingen (51) und Oldenburg (41) ist es nochmals geringer.

Die Städte der ländlichen Räume sind mit durchschnittlich 30 % (103) in stärkerem Maße durch das Produzierende Gewerbe geprägt als die Großstädte. Allerdings schwankt der Anteil an den Beschäftigten auch hier beträchtlich.

- An der Spitze liegen die Industriestandorte wie Lohne (186) u.a. mit starkem Gewicht der Kunststoffverarbeitung, Nordenham (185) u. a. mit Luftfahrzeugbau, Artland (176) im nördlichen Osnabrücker Land mit Metall- und Kunststoffverarbeitung sowie Ernährungswirtschaft, Emden (162) als Standort des Straßenfahrzeugbaus und Holzminden (157) mit der Herstellung von Duft- und Aromastoffen sowie Elektrotechnik.
- Im Mittelfeld finden sich Städte wie Osterode (125), Peine (119), Lingen (114), Stade (102) und Aurich (99).
- Eine vergleichsweise geringe industrielle Prägung haben Städte mit starkem Gewicht der Dienstleistungen wie Wilhelmshaven (72) und Lüneburg (70), Hameln (68), Soltau (65) und Leer (60).

Die Bedeutung der Städte als Dienstleistungszentren und Zentrale Orte soll im Folgenden anhand des Beschäftigtenbesatzes bestimmt werden, bei dem die Zahl der sozialversicherungspflichtig Beschäftigten am Arbeitsort der Branche auf die jeweilige Einwohnerzahl bezogen wird[10]. Der Dienstleistungsbesatz in Niedersachsen (92[11]) liegt unter dem Bundesdurchschnitt.

Die großstädtischen Zentren im nordwestlichen Deutschland sind mit Ausnahmen von Salzgitter (76) Dienstleistungszentren mit einem Besatz, der deutlich über dem Bundesdurchschnitt liegt (Abb. 2).

- Einen herausragenden Dienstleistungsbesatz weisen Göttingen[12] (183) und Hannover[13] (181) auf.

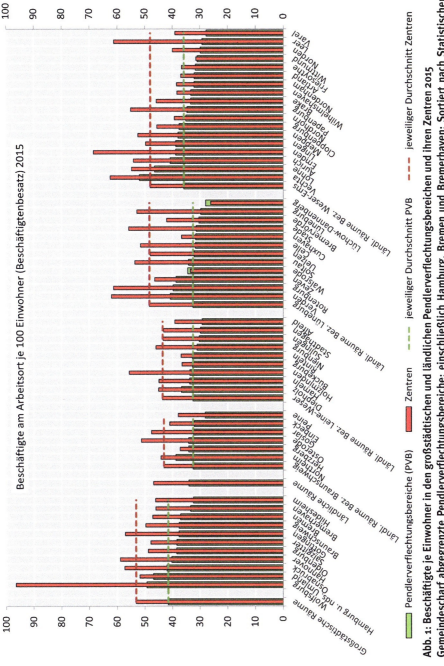

Abb. 1: Beschäftigte je Einwohner in den großstädtischen und ländlichen Pendlerverflechtungsbereichen und ihren Zentren 2015
Gemeindescharf abgegrenzte Pendlerverflechtungsbereiche; einschließlich Hamburg, Bremen und Bremerhaven; Sortiert nach Statistischen Bezirken; Bevölkerungsfortschreibung und -rückrechnung auf Basis des Zensus 2011; Beschäftigte am Arbeitsort Statistisches Bundesamt, Statistische Landesämter, Bundesagentur für Arbeit, eigene Berechnungen und Schätzungen

- Mit Abstand folgen Osnabrück (170), Hamburg (163), Oldenburg (161) und Braunschweig (146).

Unter den Zentren der ländlichen Räume in Niedersachsen haben etwa zwei Drittel einen Dienstleistungsbesatz, der über dem Bundeswert liegt (Abb. 2).

- Spitzenreiter sind spezialisierte Wirtschaftsstandorte wie Rotenburg[14] (199), Leer[15] (190), Vechta[16] (175), Soltau[17] (161), Lüneburg[18] (158) und Meppen[19] (153).
- Es folgen Städte wie Verden[20] (149), Stade[21] (147), Aurich[22] (144) und Uelzen[23] (141).
- Einen sehr geringen Dienstleistungsbesatz haben u. a. Zentren wie Rinteln (79) und Alfeld (73) im Bezirk Leine-Weser, Artland (68) und Nordenham (67) in Weser-Ems, Herzberg (68) und Bad Harzburg (63) im Bezirk Braunschweig sowie Lüchow (58) im Bezirk Lüneburg.

3.3 Entwicklung der Beschäftigung

Die Veränderung der Beschäftigung am Arbeitsort ist ein wichtiges Indiz für die Entwicklung der Nachfrage nach Arbeitskräften an einem Standort oder in einer Region. Sie ist damit auch ein Indikator für die wirtschaftliche Dynamik.

Die Beschäftigtenentwicklung ist in besonderem Maße von der konjunkturellen Entwicklung der Wirtschaft abhängig und deshalb seit Mitte des letzten Jahrzehnts mit Ausnahme der Wirtschaftskrise 2008/2009 praktisch durchgehend gestiegen. Zur Verdeutlichung der regionsspezifischen Besonderheiten der Beschäftigtenentwicklung sind im Folgenden nur die Abweichungen vom Bundestrend dargestellt (Abb. 3). Demnach ist die Beschäftigtenentwicklung in Niedersachsen bereits seit Ende der 1990er Jahre günstiger als im Bundestrend. Nachdem sich Mitte des letzten Jahrzehnts der Vorsprung wieder leicht verringerte, nahm die überdurchschnittliche Dynamik seit 2008 wieder zu.

- Die positive Entwicklung war insbesondere getragen von den großstädtischen Räumen.
- Die Entwicklung der ländlichen Räume lag bis Mitte des letzten Jahrzehnts nur in etwa im Bundestrend. Danach setzte aber ein deutlicher Aufholprozess ein, sodass von 2008 bis 2015 die Beschäftigungsdynamik sogar höher war als in den großstädtischen Räumen. Allerdings wird schon auf der Ebene der Bezirke deutlich, dass es zwischen den ländlichen Räumen stark divergierende wirtschaftliche Entwicklungspfade gibt.
- Die ländlichen Räume im westlichen Niedersachsen entwickeln sich seit Ende der 1990er Jahre ausgesprochen stark und überdurchschnittlich.
- Im Bezirk Lüneburg hat die überdurchschnittliche Entwicklung erst in der zweiten Hälfte des letzten Jahrzehnts eingesetzt. In den letzten Jahren ist sie allerdings gegenüber dem Bundestrend wieder leicht zurückgefallen.
- Die ländlichen Räume in den Bezirken Leine-Weser und vor allem Braunschweig haben sich seit Ende der 1990er Jahre durchgehend schwächer als im Bun-

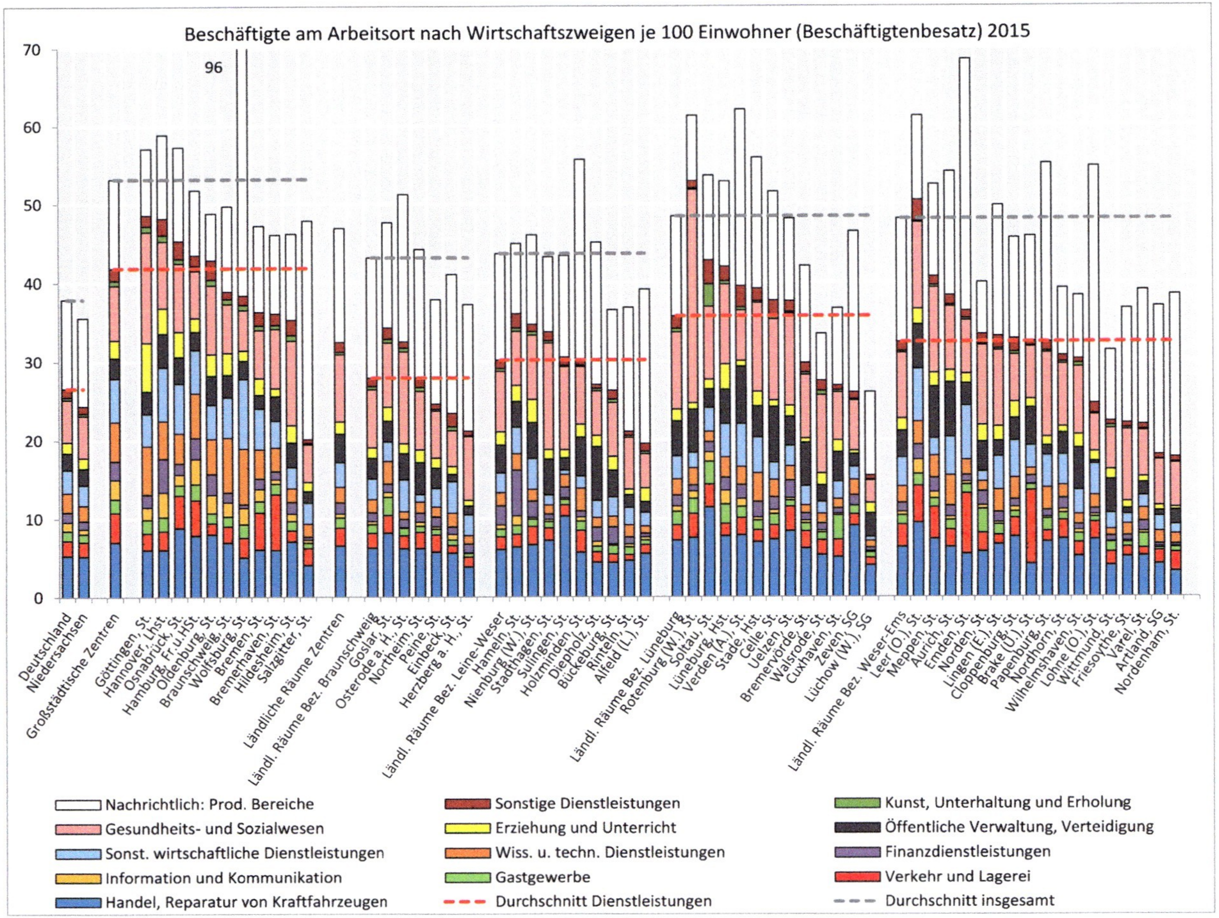

Abb. 2: Dienstleistungsbesatz nach Wirtschaftszweigen in den Zentren der großstädtischen und ländlichen Arbeitsmarktregionen von Niedersachsen 2015

Zentren gemeindescharf abgegrenzter Pendlerverflechtungsbereiche; einschließlich Hamburg, Bremen und Bremerhaven; Sortiert nach Statistischen Bezirken; Beschäftigte am Arbeitsort; Beschäftigungsstatistik der Bundesagentur für Arbeit, eigene Berechnungen und Schätzungen

destrend entwickelt. Im Bezirk Leine-Weser scheint dieser Abwärtstrend in den letzten Jahren gestoppt worden zu sein, im Bezirk Braunschweig geht er unvermindert weiter.
- Insgesamt verzeichnen wir demnach großräumliche Entwicklungsdisparitäten zwischen den ländlichen Räumen mit einem Gefälle vom Westen über den Norden zum südlichen und östlichen Niedersachsen hin.

Für unsere Fragestellung von besonderem Interesse ist die Bedeutung, die den städtischen Zentren im Rahmen dieser regionalen Entwicklungsdisparitäten zukommt. Ein Vergleich der Beschäftigtenentwicklung im Zeitraum 2008 bis 2015 zeigt einige Regelhaftigkeiten auf (Abb. 4).
- Zentren und ihr Umland repräsentieren gleichermaßen die regionalen Entwicklungsdisparitäten: entwicklungsstarke bzw. -schwache Zentren haben in der Regel auch ein stärkeres bzw. schwächeres Umland.
- Die großstädtischen Arbeitsmarktregionen hatten zwar allesamt in den letzten Jahren eine positive Beschäftigtenentwicklung. Allerdings war die Dynamik im Umland fast durchweg zumindest leicht stärker als in den Zentren.
- Auch in den ländlichen Räumen sind die Zentren keineswegs immer die »Motoren der regionalen Entwicklung«. Eine schwächere Entwicklung der Zentren im Vergleich zu ihrem Umland haben im Bezirk Braunschweig zwei von sechs ländlichen Bereichen, im Bezirk Leine-Weser drei von neun, im Bezirk Lüneburg acht von zwölf und im Bezirk Weser-Ems auch immerhin neun von insgesamt 18 ländlichen Pendlereinzugsbereichen.
- Deutlich günstiger als in ihrem Umland war hingegen die Beschäftigtenentwicklung in Einbeck, Herzberg und Osterode im Bezirk Braunschweig, in Nienburg und Sulingen im Bezirk Leine-Weser, in Zeven, Soltau und Walsrode im Bezirk Lüneburg sowie in Aurich, Vechta und Lohne im Bezirk Weser-Ems.

4. Demografie: Bevölkerungsstruktur und Bevölkerungsdynamik

Die Bevölkerungsstruktur und -entwicklung sowie die Zusammensetzung der Bevölkerung nach Altersgruppen bilden wichtige Rahmendaten für die regionalwirtschaftliche Entwicklung, weil sie einerseits grundlegende Bestimmungsgrößen für das Angebot an Arbeitskräften auf dem regionalen Arbeitsmarkt sind und andererseits auch die Nachfrage nach haushaltsorientierten Dienstleistungen, nach Wohnungen sowie nach Infrastrukturleistungen und sonstigen öffentlichen Dienstleistungen bilden. Die Entwicklung der auf die lokalen Märkte ausgerichteten Dienstleistungs- und Handwerksbetriebe hängt somit in hohem Maße von der Bevölkerungs- und Haushaltsdynamik ab.

Die Bevölkerungsentwicklung insgesamt ergibt sich aus dem Zusammenspiel von

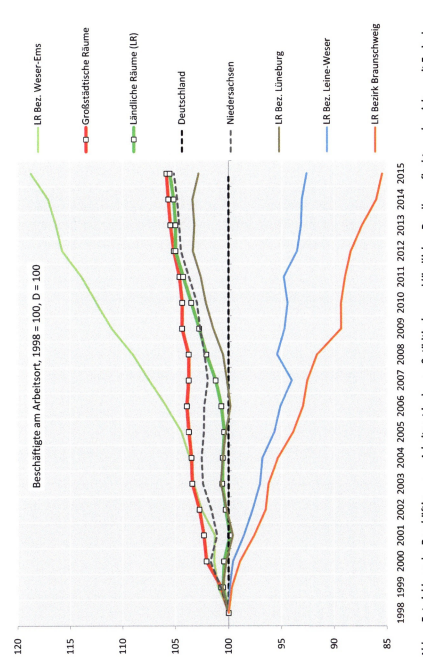

Abb. 3: Entwicklung der Beschäftigung am Arbeitsort in den großstädtischen und ländlichen Pendlerverflechtungsbereichen seit Ende der 1990er Jahre – Abweichungen vom Bundestrend
Berechnungen auf Basis der gemeindescharf abgegrenzten Pendlerverflechtungsbereiche; einschließlich Hamburg, Bremen und Bremerhaven; Statistische Bezirke; Beschäftigte am Arbeitsort; Beschäftigungsstatistik der Bundesagentur für Arbeit, eigene Berechnungen und Schätzungen

Geburten und Sterbefällen (natürliche Entwicklung) sowie den Zu- und Fortzügen (Wanderungssaldo). Natürliche Entwicklung und Wanderungssaldo wirken sich sehr unterschiedlich auf die Bevölkerungsdynamik und den Bevölkerungsaufbau aus. Andererseits beeinflussen Besonderheiten im demografischen Aufbau in starkem Maße auch die natürliche Entwicklung.

4.1 Bevölkerungsentwicklung und ihre Komponenten

Eine unterdurchschnittliche natürliche Entwicklung ist meistens auf niedrige Geborenenzahlen aufgrund schwächer besetzter Altersjahrgänge im »generativen Alter« und/oder mehr Sterbefälle wegen stärker besetzter höherer Jahrgänge zurückzuführen. Zuwanderungsregionen mit ausgesprochen junger Bevölkerung lassen deshalb eine überdurchschnittliche natürliche Entwicklung erwarten. Regionen mit ausgesprochen schwacher natürlicher Entwicklung sind häufig durch langfristige Abwanderungstendenzen und eine entsprechende Überformung der Altersstruktur geprägt.

Wanderungsbewegungen (innerhalb von Deutschland) orientieren sich weitgehend an den regionalen Lebens- und Arbeitsbedingungen. Zuwanderungsregionen sind entsprechend attraktiv und Regionen mit starken Abwanderungstendenzen signalisieren entsprechende Defizite.

Bei der natürlichen Entwicklung, die insgesamt in Niedersachsen etwas schwächer ist als im Bundesdurchschnitt, ist die Situation im Durchschnitt der Großstädte insgesamt deutlich günstiger als in den städtischen Zentren des ländlichen Raumes. Allerdings gibt es auch hier zwischen den Großstädten und vor allem den Städten des ländlichen Raums große Unterschiede (Abb. 5).

- Unter den Großstädten hat Hamburg im betrachteten Zeitraum 2008 bis 2015 sogar eine leicht positive natürliche Entwicklung, d. h. die Geborenenzahlen übertreffen die Zahl der Gestorbenen, was insgesamt auf einen vergleichsweise günstigen Altersaufbau mit einer relativ jungen Bevölkerung zurückzuführen ist.
- Nur geringe natürliche Verluste haben darüber hinaus die Bildungs- und Hochschulstandorte Hannover, Göttingen sowie Oldenburg und Osnabrück.
- Sehr viel stärker sind demgegenüber die natürlichen Verluste in Hildesheim, Salzgitter und Bremerhaven.

Unter den ländlichen Zentren gibt es insgesamt ein großräumliches Gefälle vom Weser-Ems-Raum zum Bezirk Braunschweig. Allerdings sind auch innerhalb der Bezirke die Unterschiede beträchtlich (Abb. 5).

- Die mit Abstand günstigste natürliche Entwicklung der Zentren im ländlichen Raum weisen die Städte Lohne, Vechta, Cloppenburg und Friesoythe im mittleren Weser-Ems-Raum auf. Sie verzeichneten im Zeitraum 2008 bis 2015 insgesamt Geborenenüberschüsse. Auf der anderen Seite haben einige Städte im Küstenraum des westlichen Niedersachsen vergleichsweise starke Geborenendefizite, darunter

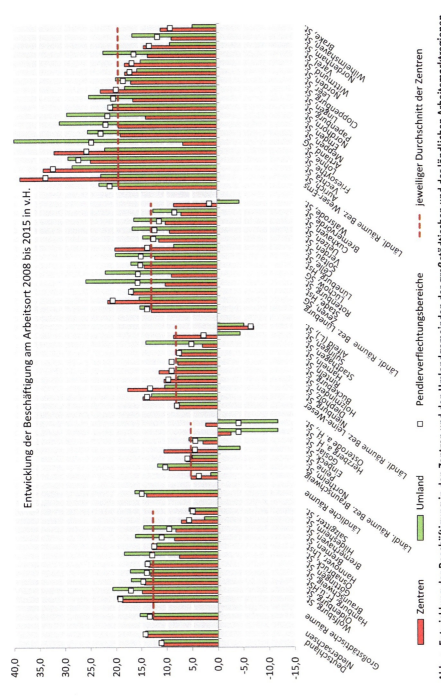

Abb. 4: Entwicklung der Beschäftigung in den Zentren und den Umlandgemeinden der großstädtischen und der ländlichen Arbeitsmarktregionen 2008 bis 2015, Gemeindescharf abgegrenzte Pendlerverflechtungsbereiche; einschließlich Hamburg, Bremen und Bremerhaven; Sortiert nach Statistischen Bezirken; Beschäftigte am Arbeitsort, Bundesagentur für Arbeit, CIMA Regionaldatenbank, eigene Berechnungen

Nordenham, Varel, Brake, Wilhelmshaven und vor allem Norden. Etwa im Mittelfeld liegen die ländlichen Zentren Nordhorn, Meppen, Lingen und Leer im südlichen und westlichen Weser-Ems-Raum.
- Im Bezirk Lüneburg haben Zeven und Lüneburg eine relativ günstige natürliche Entwicklung, während die Zentren Lüchow und Uelzen im Südosten sowie Bremervörde und Cuxhaven im mittleren und nördlichen Weser-Elbe-Raum hohe Geborenendefizite aufweisen.
- Die ländlichen Zentren des Bezirks Leine-Weser sind mit Ausnahme der Stadt Diepholz allesamt durch deutliche Geborenendefizite geprägt. Mit Abstand am ungünstigsten ist die Situation in Alfeld im Leine-Weser-Bergland.
- Auch die ländlichen Zentren des Bezirks Braunschweig sind durchweg sehr schwach, sehr ungünstig ist die natürliche Entwicklung in den Städten Osterode, Herzberg und Goslar im Harz und seinem Umfeld.

Nicht nur bei der natürlichen Entwicklung, sondern auch bei den Wanderungen ist die Situation der Großstädte insgesamt deutlich günstiger als die der Zentren der ländlichen Räume, denn sie sind seit einigen Jahren zunehmend Ziel der Reurbanisierung.

Ausgesprochen starke Wanderungsgewinne verzeichneten im Zeitraum 2008 bis 2015 die Großstädte Wolfsburg, Braunschweig[24], Oldenburg, Hannover und Hamburg (Abb. 5). Geringer waren sie in Bremen und Bremerhaven sowie Hildesheim. In der Industriestadt Salzgitter hielten sich die Zu- und Fortzüge die Waage.

In den Zentren der ländlichen Räume war die Wanderungssituation in den Bezirken Lüneburg und Weser-Ems insgesamt günstiger als in den Bezirken Leine-Weser und Braunschweig, wobei bei letzterem sogar die Wanderungsverluste dominierten (Abb. 5).
- Die höchsten Wanderungsgewinne unter den Zentren des ländlichen Raums verzeichneten die Städte Lüneburg und Stade im südlichen Hamburger Umland. Nur gering waren demgegenüber die Wanderungsüberschüsse in den Zentren Cuxhaven, Rotenburg, Lüchow und Walsrode des Bezirks Lüneburg.
- In Weser-Ems hatten die ländlichen Zentren Vechta, Artland, Norden und Friesoythe sowie Lohne, Meppen und Leer die höchsten Wanderungsgewinne. Geringe Überschüsse oder sogar Verluste verzeichneten Wilhelmshaven, Nordenham und Wittmund im Küstenraum sowie Cloppenburg im mittleren Weser-Ems-Raum.
- Unter den ländlichen Zentren des Bezirks Leine-Weser hatten Diepholz und Sulingen im Nordwesten die höchsten Wanderungsgewinne. Leichte Wanderungsverluste verzeichneten die Städte Alfeld, Nienburg und Rinteln.
- Die Zentren des ländlichen Raums im Bezirk Braunschweig waren mit Ausnahme von dem standortgünstig zwischen Hannover und Braunschweig gelegenen Peine durch Wanderungsverluste geprägt, am stärksten in Herzberg und Osterode im Südharz.

Insgesamt ergeben sich damit große Unterschiede in der Bevölkerungsentwicklung zwischen den Zentren des ländlichen Raums.
- Spitzenreiter mit hoher Dynamik sind Vechta, Lohne, Friesoythe, Artland und Cloppenburg im mittleren Weser-Ems-Raum, Lüneburg und Stade im südlichen Hamburger Umland sowie Diepholz im südlichen Umfeld von Bremen.

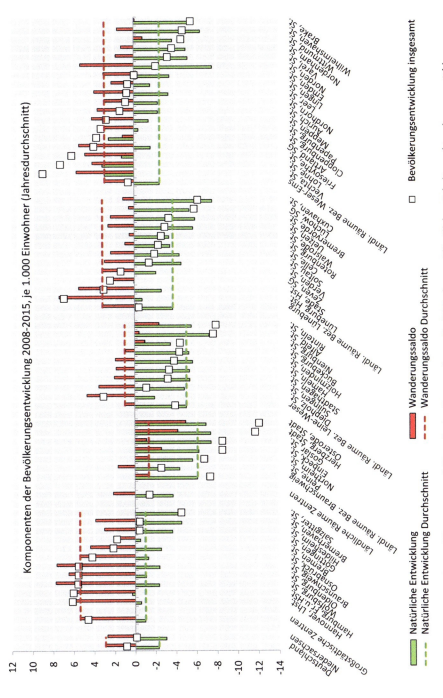

Abb. 5: Komponenten der Bevölkerungsentwicklung in den Zentren der großstädtischen und ländlichen Arbeitsmarktregionen 2008 bis 2015 der gemeindescharf abgegrenzten Pendlerverflechtungsbereiche; einschließlich Hamburg, Bremen und Bremerhaven; Sortiert nach Zentren der Statistischen Bezirken; Bevölkerungsfortschreibung und -rückrechnung auf Basis des MZ 2011, Statistische Landesämter, eigene Berechnungen

- Die mit Abstand stärksten Bevölkerungsverluste verzeichnen Herzberg und Osterode im Südharz. Ebenfalls sehr hoch sind sie in Goslar, Northeim und Einbeck im Harz und seinem Umfeld sowie in Rinteln und Alfeld im Leine-Weser-Bergland, in Lüchow im nordwestlichen Bezirk Lüneburg sowie in den Städten Varel, Nordenham, Wilhelmshaven, Brake und Cuxhaven im Küstenraum.

4.2 Altersstruktur der Bevölkerung

Die Unterschiede in der natürlichen Entwicklung sowie vor allem lang anhaltende Wanderungsprozesse mit ihren selektiven Wirkungen können die Altersstruktur der Bevölkerung in den Regionen beträchtlich überformen. Vor allem bei den jüngeren Altersgruppen lassen sich erhebliche regionale Unterschiede deutlich machen, die auf kürzer zurückliegende Bevölkerungsprozesse zurückzuführen sind.

Bei den Kindern und Jugendlichen unter 18 Jahren ist der Anteil in den ländlichen Räumen nach wie vor höher als in den großstädtischen Arbeitsmarktregionen (Abb. 6). Dies gilt auch für ihre jeweiligen Zentren.

- Zwischen den Zentren der großstädtischen Räume sind die Unterschiede vergleichsweise gering, bei den ländlichen Räumen hingegen stark ausgeprägt.
- Die höchsten Anteile an Kindern und Jugendlichen haben die Städte in den Bezirken Weser-Ems und Lüneburg, die geringsten der Bezirk Braunschweig.
- Weit an der Spitze liegen die Zentren Friesoythe, Lohne, Vechta und Cloppenburg, es folgen weitere Zentren im westlichen Niedersachsen.
- Die mit Abstand niedrigsten Anteile an Kindern und Jugendlichen haben Goslar und Osterode in der Harzregion, Alfeld im Bezirk Leine-Weser sowie Cuxhaven und Wilhelmshaven im niedersächsischen Küstenraum.

Der Anteil der Bevölkerung im Alter von 18 bis unter 30 Jahren ist demgegenüber in den großstädtischen Räumen insgesamt deutlich höher als in den ländlichen Räumen (Abb. 6). Dies liegt vor allem an den sich seit Jahren intensivierenden Abwanderungsprozessen der Altersgruppen zwischen 18 und 25 Jahren aus den ländlichen Räumen in die großstädtischen Zentren, die im engen Zusammenhang mit der Entwicklung zur Wissensgesellschaft stehen. Gesellschaftlich wünschenswerte wachsende Anteile von Schulabgängern mit Hochschulzugangsberechtigung bedeuten steigende Abwanderungen in die (groß)städtischen Hochschulstandorte und Standorte sonstiger weiterführender Bildungseinrichtungen. Nach Abschluss der Ausbildung kehren diese jungen Menschen nur dann in ihre Heimatregionen zurück, wenn diese über entsprechend attraktive Beschäftigungsangebote verfügen. Die Abwanderungsregionen stehen somit in einem steigenden Wettbewerb mit den großstädtischen Wirtschaftsräumen.

Den höchsten Anteil an jungen Einwohnern zwischen 18 und 30 Jahren hat unter den großstädtischen Zentren dementsprechend die Universitätsstadt Göttingen. Mit Abstand folgen Osnabrück, Oldenburg, Braunschweig und Hannover. Vergleichsweise geringe Anteile weisen die Städte Wolfsburg, Bremerhaven und vor allem Salzgitter auf.

Unter den ländlichen Räumen ist das Gefälle noch ausgeprägter:
- Weit an der Spitze stehen die Hochschulstandorte Vechta und Lüneburg.
- Es folgen Emden, Cloppenburg, Wilhelmshaven und Papenburg im Weser-Ems-Raum, Rotenburg und Stade im Bezirk Lüneburg, Holzminden, Diepholz und Sulingen im Bezirk Leine-Weser.

- Den geringsten Anteil von Jugendlichen und jungen Erwachsenen zwischen 18 und 30 Jahren weisen die Städte Einbeck, Herzberg und Osterode im Bezirk Braunschweig, Alfeld und Rinteln im Bezirk Leine-Weser sowie Cuxhaven und Lüchow im Bezirk Lüneburg auf. Im westlichen Niedersachsen haben die Standorte der Küstenregion, Nordenham, Brake, Wittmund, Varel und Norden die geringsten Werte. Insgesamt sind die ländlichen Arbeitsmarkregionen mit den geringsten Anteilen an jungen Erwachsenen weitgehend identisch mit den wirtschaftlich schwächsten Räumen in Niedersachsen.

5. Arbeitsmarkt und Einkommen

5.1 Arbeitslosigkeit

Arbeitslosigkeit ergibt sich durch das Auseinanderklaffen von Arbeitsangebot und -nachfrage auf den regionalen Arbeitsmärkten. Auch qualitative Differenzen zwischen den gesuchten und den angebotenen Qualifikationen und Berufen können zu Arbeitslosigkeit führen. Eine über das normale Maß hinausgehende Arbeitslosigkeit[25] wird als Einschränkung der Qualität der Lebens- und Arbeitsbedingungen verstanden und führt auf mittlere Sicht zu einem Abwanderungsdruck. Die Arbeitslosigkeit in Niedersachsen liegt knapp unter dem Bundesdurchschnitt. Die Arbeitsmarktungleichgewichte sind bundesweit durch ein Stadt-Land-Gefälle geprägt, weil sich die sozial schwachen und wenig qualifizierten Bevölkerungsgruppen in besonderer Weise in den Zentren konzentrieren.

Auch in den niedersächsischen Städten ist die Arbeitslosigkeit höher als im Landesdurchschnitt. Dabei sind die Ungleichgewichte in den großstädtischen Zentren noch etwas größer als in den städtischen Zentren der ländlichen Räume.

Das Gefälle der Arbeitsmarktprobleme ist sowohl unter den Großstädten als auch den Zentren der ländlichen Räume ausgesprochen groß (Abb. 7).
- Ausgesprochen geringe Arbeitsmarktprobleme haben unter den Großstädten Wolfsburg, Braunschweig und Hamburg. Weit überdurchschnittlich sind die Probleme in Hildesheim und Hannover sowie in Bremen, Salzgitter sowie Bremerhaven.
- In den ländlichen Räume ergeben sich die geringsten Arbeitsmarktprobleme in den

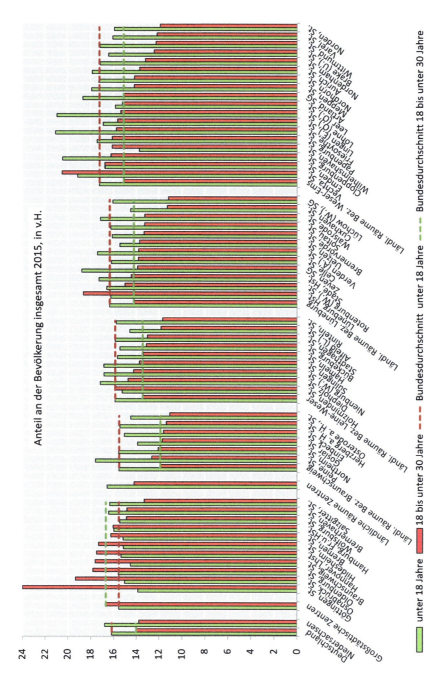

Abb. 6: Anteil der Bevölkerung im Alter bis unter 18 und 18 bis unter 30 Jahren in den Zentren der großstädtischen und ländlichen Arbeitsmarktregionen 2015, Zentren der gemeindescharf abgegrenzten Pendlerverflechtungsbereiche; einschließlich Hamburg, Bremen und Bremerhaven; Sortiert nach Statistischen Bezirken; Bevölkerungsfortschreibung, Statistische Landesämter, eigene Berechnungen

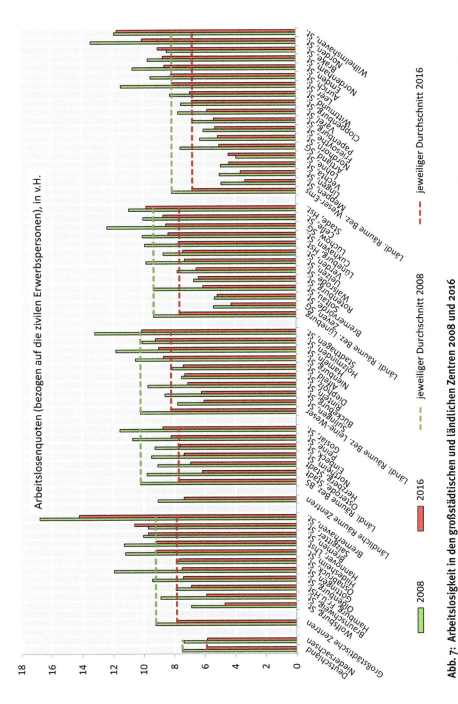

Abb. 7: Arbeitslosigkeit in den großstädtischen und ländlichen Zentren 2008 und 2016 Zentren gemeindescharf abgegrenzter Pendlerverflechtungsbereiche; einschließlich Hamburg, Bremen und Bremerhaven; Sortiert nach Statistischen Bezirken; Arbeitslose im Jahresdurchschnitt, Bundesagentur für Arbeit, CIMA-Schätzung der Arbeitslosenquote auf Gemeindeebene

Zentren Meppen, Lingen, Vechta und Lohne im mittleren Weser-Ems-Gebiet, in Zeven und Bremervörde im zentralen Elbe-Weser-Raum, in den Städten Sulingen, Bückeburg und Rinteln im Leine-Weser-Raum sowie in Osterode und Herzberg im Südharz.
- Auf der anderen Seite haben im westlichen Niedersachsen die Küstenstandorte Wilhelmshaven, Emden, Nordenham und Brake die größte Arbeitslosigkeit. Im Bezirk Lüneburg sind es die Zentren Cuxhaven, Lüchow, Celle und Stade. Im Leine-Weser-Raum sind Nienburg, Hameln, Holzminden und Stadthagen durch besondere Arbeitsmarktprobleme geprägt, im Bezirk Braunschweig die ländlichen Zentren Peine und Goslar.

Zwischen der Arbeitsplatzentwicklung einer Region und dem Ausmaß der Arbeitsmarktungleichgewichte gibt es erwartungsgemäß einen negativen Zusammenhang (Abb. 8).

D.h. je höher die Dynamik der Beschäftigung am Arbeitsort, desto geringer ist die Arbeitslosigkeit und umgekehrt. Allerdings ist der Zusammenhang nicht ganz so eng[26], denn steigende Beschäftigungszahlen können einerseits weitere Erwerbsfähige auf den Plan rufen, die sich bislang nicht für eine Beschäftigung interessiert haben und demzufolge auch nicht in die Arbeitslosenquote eingegangen sind. Darüber hinaus nehmen in vielen Fällen auch Einpendler aus benachbarten Regionen neu geschaffene Arbeitsplätze ein. Insgesamt wird aber deutlich, dass eine nachhaltige Reduzierung der Arbeitslosigkeit in einer Region oder an einem Standort nur durch wirtschaftliche Wachstumsimpulse und damit verbundene Ausweitung der Beschäftigung möglich ist.

5.2 Fachkräfte und Wissensorientierung der Wirtschaft

Qualifizierte und hochqualifizierte Arbeitskräfte gewinnen im wirtschaftlichen Strukturwandel der Wissensgesellschaft eine zentrale Bedeutung. Von daher sind das Angebot und die Mobilisierbarkeit qualifizierter Kräfte von zunehmendem Gewicht. Es ist davon auszugehen, dass sich die Aussichten der regionalen Betriebe, sich im überregionalen und internationalen Wettbewerb zu behaupten, mit steigendem Einsatz von Bildung, Wissen und Forschung verbessern. Die Qualifikationsstruktur der Beschäftigten in einer Region oder einem Standort ist vor diesem Hintergrund auch ein Spiegelbild seiner wirtschaftlichen Wettbewerbsposition.

Im Bundesgebiet lag der Anteil der Beschäftigten mit Hochschulabschluss im Jahr 2015 bei über 16 %, Niedersachsen erreichte knapp 13 %. Damit war die Wissensorientierung der niedersächsischen Wirtschaft deutlich geringer als im Bundesdurchschnitt.

Dabei konzentrieren sich die Arbeitsplätze mit hochqualifizierten Kräften bundesweit auf die großen Städte und ihr näheres Umfeld. Auch die vorliegende Auswertung für den nordwestdeutschen Raum belegt das nach wie vor bestehende erhebliche Gefälle von den Großstädten zu den übrigen Zentren der ländlichen Räume (Abb. 9). Der Anteil der Hochschulabsolventen an allen Beschäftigten liegt in den

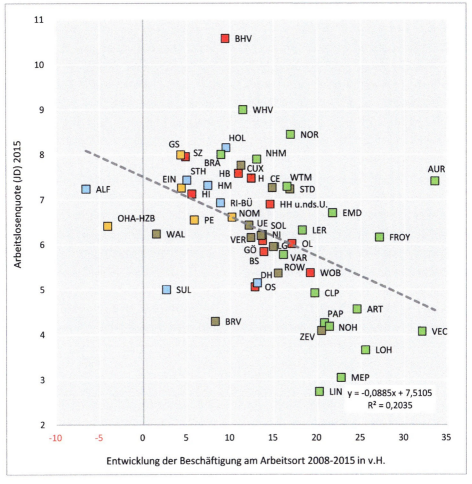

Abb. 8: Zusammenhang zwischen Beschäftigtenentwicklung und Arbeitslosigkeit in den großstädtischen und ländlichen Pendlerverflechtungsbereichen; Gemeindescharf abgegrenzte Pendlerverflechtungsbereiche; einschließlich Hamburg, Bremen und Bremerhaven; Quadrate: rot: Großstädtische Pendlerverflechtungsbereiche, Übrige: ländliche Pendlerverflechtungsbereiche, orange: Bezirk Braunschweig, oliv: Bezirk Lüneburg, blau: Bezirk Leine-Weser, grün: Bezirk Weser-Ems, Beschäftigungsstatistik, Beschäftigte am Arbeitsort; Arbeitslose im Jahresdurchschnitt, CIMA-Schätzung der Arbeitslosenquote auf Gemeindeebene, Bundesagentur für Arbeit, eigene Berechnungen

Großstädten bei fast 22 % und ist im Durchschnitt der Zentren der ländlichen Räume mit knapp 11 % nur etwa halb so hoch.

- Allerdings sind auch zwischen den Großstädten die Unterschiede beträchtlich: Spitzenreiter ist Wolfsburg mit fast 26 %, es folgen Hamburg (24 %), Göttingen (23 %), Hannover (22 %) und Braunschweig (20 %). Ausgesprochen gering ist demgegenüber der Anteil der Hochqualifizierten in Bremerhaven (knapp 12 %) und Salzgitter (11 %).
- Unter den Zentren des ländlichen Raums haben die Hochschulstandorte Lüneburg und Vechta sowie Stadthagen, Verden,

Aurich und Lingen die höchsten Anteile von Akademikern an den Beschäftigten.
- Mit Abstand folgen Einbeck, Goslar und Northeim im Bezirk Braunschweig, Holzminden, Diepholz und Hameln im Bezirk Leine-Weser, Celle und Stade im Bezirk Lüneburg sowie Lingen, Leer und Wilhelmshaven im westlichen Niedersachsen.
- Ausgesprochen geringe Anteile an hochqualifizierten Beschäftigten haben Wittmund, Nordenham, Lohne und Friesoythe im Weser-Ems-Raum, Rinteln im Bezirk Leine-Weser und Herzberg im Bezirk Braunschweig.

Im Zuge des qualifikations- und innovationsorientierten Strukturwandels ist der Anteil der Beschäftigten mit Hochschulabschluss von 2008 bis 2015 bundesweit von 12 % auf 16 % gestiegen. In Niedersachsen war der Zuwachs etwas schwächer, sodass der Rückstand zum Bundesdurchschnitt sogar noch leicht größer geworden ist (Abb. 9).

- Die großstädtischen Zentren konnten in den letzten sieben Jahren allerdings ihren Vorsprung deutlich ausbauen. Besonders stark zugenommen haben die Anteile bei den Spitzenreitern Wolfsburg, Hamburg, Göttingen, Hannover und Braunschweig sowie auch in Bremen und Osnabrück.
- In den ländlichen Räumen haben vor allem die Zentren im Bezirk Lüneburg sowie im Weser-Ems-Raum überdurchschnittlich zugenommen. Besonders starke Zuwächse verzeichneten die Hochschulstandorte Lüneburg, Lingen, Leer und Vechta sowie Artland[27], Verden und Aurich[28].
- In den meisten ländlichen Zentren des Küstenraums sowie im Harz und Leine-Weser-Bergland waren die Zuwächse an hochqualifizierten Beschäftigten demgegenüber vergleichsweise gering.

5.3 Einkommenssituation

Die Einkommenssituation auf Gemeindeebene wird im Folgenden anhand des Gemeindeanteils an der Einkommensteuer dargestellt, der in hohem Maße mit der Gesamtsumme der Einkünfte der Steuerpflichtigen korreliert. Hohe Löhne bzw. Einnahmen aus unselbstständiger Arbeit sowie sonstige Einkünfte z. B. als Selbstständige oder aus Vermietung und Verpachtung stärken die Einkommensposition. Darüber hinaus führt auch eine höhere Erwerbsbeteiligung aufgrund besserer Arbeitsmarktchancen zu einem tendenziell höheren Pro-Kopf-Einkommen.

Das Pro-Kopf-Einkommen[29] liegt in Niedersachsen (89[30]) um mehr als ein Zehntel unter dem Bundesdurchschnitt. Der Vorsprung der Großstädte (117) zu den Zentren der ländlichen Räume (82) ist beträchtlich. Aber auch innerhalb der Raumkategorien ist das Gefälle groß (Abb. 10).

Das höchste Einkommensniveau unter den Großstädten hat Hamburg (145), gefolgt von Wolfsburg (112), Braunschweig (106), Hannover (102). Eine sehr niedrige Kaufkraft verzeichnen Salzgitter (84) und Bremerhaven (65). In Hamburg und Bremen ist die Kaufkraft in den Umlandgemeinden sogar höher als in den Zentren, weil das Umfeld attraktive Wohnstandorte für einkommensstarke Haushalte bietet. Ansonsten übertreffen die groß-

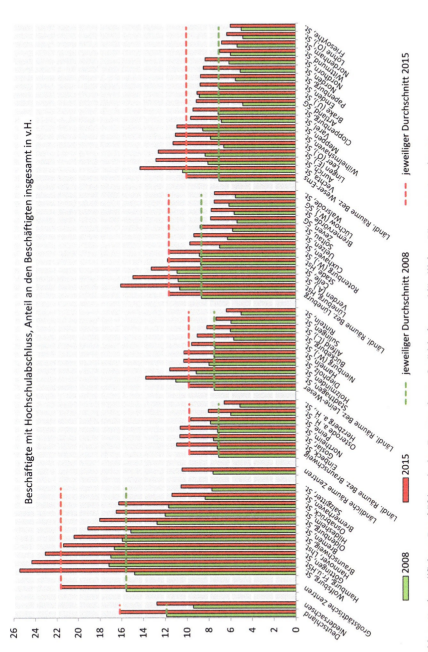

Abb. 9: Hochqualifizierte Beschäftigte in den Zentren der großstädtischen und ländlichen Räume 2008 und 2015 Zentren der gemeindescharf abgegrenzten Pendlerverflechtungsbereiche; einschließlich Hamburg, Bremen und Bremer-haven; Sortiert nach Statistischen Bezirken; Beschäftigungsstatistik, Beschäftigte am Arbeitsort (abzüglich ohne Angabe der Ausbildung), Bundesagentur für Arbeit, eigene Berechnungen

städtischen Zentren die Umlandbereiche. Die Unterschiede innerhalb der Regionen werden von der Wirtschaftskraft der Region bzw. des unmittelbaren Umfelds sowie von der Arbeitsmarktsituation geprägt.

- Die höchsten Pro-Kopf-Einkommen unter den ländlichen Räumen haben die Zentren Lüneburg, Stade, Verden und Celle im Bezirk Lüneburg, Goslar im Bezirk Braunschweig, Bückeburg-Rinteln und Hameln im Bezirk Leine-Weser sowie Vechta, Lingen und Lohne im Bezirk Weser-Ems.
- Ausgesprochen gering ist die Kaufkraft in den Städten Wittmund, Norden und Friesoythe in Weser-Ems, in Lüchow im Bezirk Lüneburg, in Sulingen und Stadthagen im Bezirk Leine-Weser sowie in Herzberg in der Harzregion.
- In der überwiegenden Zahl der ländlichen Arbeitsmarktregionen ist die Kaufkraft in den Zentren höher als in den Umlandgemeinden, in einigen Fällen wie Verden, Stade, Aurich, Meppen und Leer sogar beträchtlich.

Von 2008 bis 2015 ist das Pro-Kopf-Einkommen bundesweit deutlich gestiegen. Niedersachsen konnte in etwa mithalten, damit aber seinen Rückstand nicht abbauen (Abb. 10).

- Unter den Großstädten konnten vor allem Wolfsburg, Braunschweig, Hannover und Oldenburg überdurchschnittlich zulegen.
- In den ländlichen Räumen ist das Einkommensniveau in den Städten der Bezirke Lüneburg und Weser-Ems überdurchschnittlich gestiegen. Besondere Zuwächse verzeichneten Stade, Lüneburg und Celle im Bezirk Lüneburg sowie Vechta, Lingen und Lohne im westlichen Niedersachsen. Insgesamt konnten die Zentren der ländlichen Räume ihren Rückstand zu den Großstädten allerdings nicht abbauen.

Zwischen der Beschäftigung von hochqualifizierten Beschäftigten und dem Pro-Kopf-Einkommen gibt es einen engen Zusammenhang (Abb. 11). Dies bedeutet letztlich, dass ein Aufholprozess in der regionalen Einkommensposition nur durch eine stärkere Wissensorientierung der Wirtschaft und ein höheres Qualifikationsniveau der Erwerbstätigen möglich ist.

6. Zusammenschau der wichtigsten Struktur- und Entwicklungsindikatoren sowie regionalwirtschaftliche Zusammenhänge

Zwischen der regionalen Arbeitsplatzentwicklung und der Entwicklung der Einwohnerzahlen gibt es vor allem in längeren Zeiträumen vergleichsweise enge Zusammenhänge. Dies ist zum einen darin begründet, dass mit wirtschaftlichem Wachstum verbundenes steigendes Angebot an Beschäftigungsmöglichkeiten die Attraktivität für Zuwanderungen steigert und umgekehrt schrumpfende Beschäftigung den Abwanderungsdruck erhöht. Darüber hinaus sind aber auch mittel- und langfristig positive Wirkungen von Zuwanderungen bzw.

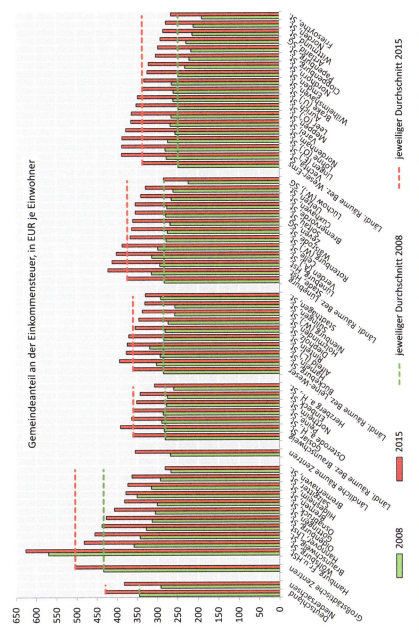

Abb. 10: Gemeindeanteil an der Einkommensteuer in den Zentren der großstädtischen und ländlichen Pendlerverflechtungsbereiche 2008 und 2015; Zentren der gemeindescharf abgegrenzte Pendlerverflechtungsbereiche; einschließlich Hamburg, Bremen und Bremerhaven; Sortiert nach Statistischen Bezirken; Gemeindefinanzstatistik, Kassenergebnisse, Statistisches Bundesamt, Statistische Landesämter, eigene Berechnungen

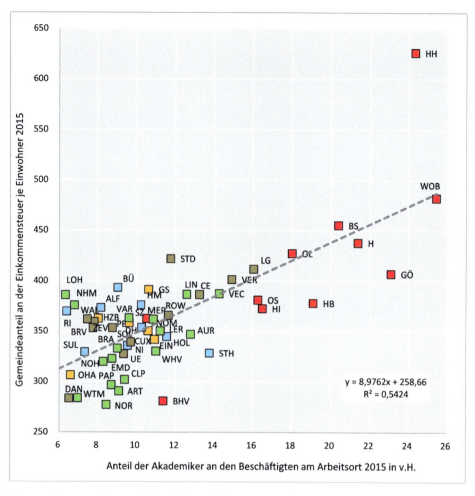

Abb. 11: Zusammenhang zwischen der Beschäftigung von Hochqualifizierten und dem Pro-Kopf-Einkommen in den Zentren der großstädtischen und ländlichen Pendlerverflechtungsbereiche 2015; Zentren der gemeindescharf abgegrenzte Pendlerverflechtungsbereiche; einschließlich Hamburg, Bremen und Bremerhaven; Sortiert nach Statistischen Bezirken; Gemeindefinanzstatistik, Kassenergebnisse, Statistisches Bundesamt, Statistische Landesämter, eigene Berechnungen

negative Auswirkungen von Abwanderungen zu erwarten. Da Wanderungen in der Regel selektiv wirken und Abwanderung schwerpunktmäßig jüngere Menschen betrifft, verschlechtert sich in Abwanderungsregionen die Altersstruktur durch das Fehlen von jungen Haushalten und Kindern, was auch mittel- und langfristig zu ungünstigeren demografischen Perspektiven führt. In vielen entwicklungsschwachen Regionen sind die Probleme der heute ungünstigen Altersstruktur dadurch entstanden, dass sie wegen schlechter Perspektiven der wirtschaftlichen Entwicklung und der Arbeitsbedingungen über längere Zeiträume selektiv an jüngeren und aktiven Einwohnern verloren haben. Die Tatsache, dass es sich bei den besonders mobilen Bevölkerungsgruppen in der Regel auch um qualifiziertere Personen handelt, dürfte die qualitativen Defizite der Abwanderungsregionen noch verstärken.

Der Zusammenhang zwischen der Entwicklung der Beschäftigung und der Bevölkerung in den untersuchten großstädtischen und ländlichen Pendlerverflechtungsbereichen ist auch im Zeitraum 2008 bis 2015 ausgesprochen eng[31] (Abb. 12 und Tab. 1).

- Auf der einen Seite stehen »Wachstumsräume« mit starker Beschäftigungsentwicklung und hoher Bevölkerungsdynamik. Dazu zählen viele ländliche Arbeitsmarktregionen vor allem im westlichen Niedersachsen wie Vechta, Lohne, Friesoythe, Cloppenburg, Meppen, Papenburg und Artland.
- Besonders wachstumsstarke großstädtische Regionen sind Hamburg, Oldenburg, Hannover, Braunschweig und Wolfsburg.
- Vergleichsweise entwicklungsschwach sind die großstädtischen Regionen Salzgitter und Hildesheim.
- Im Mittelfeld der ländlichen Räume liegen die Arbeitsmarktregionen des westniedersächsischen Küstenraums wie Norden, Wittmund, Varel sowie die meisten Regionen des Bezirks Lüneburg.
- Zu den schwächsten ländlichen Räumen mit ungünstiger Entwicklung der Beschäftigung und rückläufiger Bevölkerung zählen Stadthagen, Rinteln-Bückeburg, Hameln, Holzminden und Alfeld im Bezirk Leine-Weser sowie Northeim, Goslar, Einbeck und Osterode-Herzberg im Bezirk Braunschweig.

Von Interesse sind auch die regionalen Abweichungen von dem allgemeinen Zusammenhang, der sich in der Regressionsgeraden ausdrückt (Abb. 12)

- Die großstädtischen Pendlerverflechtungsbereiche weichen von dem allgemeinen Zusammenhang hinsichtlich der Bevölkerungsentwicklung teilweise deutlich positiv ab, d.h. bei gleicher Beschäftigungsdynamik ist die Bevölkerungsentwicklung höher als bei vergleichbaren ländlichen Räumen. Das ist ein Hinweis auf starke und zunehmende Re-Urbanisierungsprozesse.
- Die meisten der ländlichen Räume mit den stärksten demografischen Verlusten haben noch eine vergleichsweise moderate Beschäftigungsentwicklung. Ausnahmen mit auch sehr ungünstigem (rückläufigen) Beschäftigungsverlauf sind die Regionen Alfeld und Osterode-Herzberg.

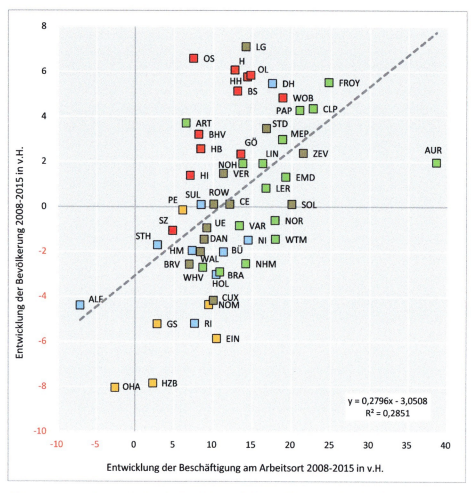

Abb. 12: Zusammenhang zwischen der Entwicklung der Beschäftigung und der Bevölkerungsdynamik in den Zentren der großstädtischen und ländlichen Pendlerverflechtungsbereiche 2008 bis 2015; Zentren der gemeindescharf abgegrenzten Pendlerverflechtungsbereiche; einschließlich Hamburg, Bremen und Bremerhaven; Quadrate: rot: Großstädte, Übrige: Zentren ländlicher Pendlerverflechtungsbereiche, orange: Bezirk Braunschweig, oliv: Bezirk Lüneburg, blau: Bezirk Leine-Weser, grün: Bezirk Weser-Ems; Bevölkerungsfortschreibung und -rückrechnung auf Basis des Zensus 2011; Beschäftigungsstatistik; Statistisches Bundesamt, Statistische Landesämter, Bundesagentur für Arbeit, eigene Berechnungen

	Beschäftigte am Arbeitsort	Beschäftigte am Arbeitsort	Bevölkerung	Natürliche Entwicklung	Wanderungssaldo insgesamt	Beschäftigte am Arbeitsort je Einwohner (Beschäftigtenbesatz)			Arbeitslosenquote (JD)		Anteil der Beschäftigten mit Hochschulabschluss		Gemeindeanteil der Einkommensteuer je Einwohner	
	2015 abs.	2008-2015 in v.H.	2008-2015 in v.T.	2008-2015 in v.T.	2008-2015 in v.T.	2008 je 100	2015 je 100	2008-2015 je 100	2015 in v.H.	2008-2015 in v.H.-Pkt.	2015 in v.H.	2008-2015 in v.H.-Pkt.	2015 D = 100	2008-2015 D = 100
Deutschland	30.771.297	11,1	6,1	-15,9	20,9	34,3	37,9	3,6	6,4	-1,4	16,2	4,3	100,0	0,0
Niedersachsen	2.783.678	14,2	-0,7	-21,0	19,3	31,1	35,6	4,4	6,1	-1,5	12,8	3,4	88,9	4,3
Großstädtische Zentren	**2.103.277**	**12,7**	**32,8**	**-6,9**	**38,4**	**48,8**	**53,2**	**4,4**	**8,3**	**-1,1**	**21,6**	**6,0**	**117,3**	**-8,6**
Wolfsburg, St.	118.674	18,9	39,8	-16,4	55,5	84,4	96,5	12,1	4,7	-2,3	25,4	10,6	112,2	8,5
Oldenburg, St.	78.496	14,8	39,5	-7,5	46,2	44,2	48,8	4,6	7,9	-1,7	18,0	5,3	99,4	8,6
Hamburg, Fr.u.HSt.	912.650	14,4	43,1	2,1	40,6	47,2	51,8	4,6	7,4	-0,7	24,3	7,2	145,6	-19,6
Göttingen, St.	67.137	13,5	12,6	-3,5	15,0	50,9	57,1	6,2	7,7	-4,3	23,1	6,1	94,7	6,1
Braunschweig, St.	123.532	13,1	39,4	-16,6	54,8	45,7	49,7	4,0	6,4	-2,7	20,4	4,5	105,8	6,6
Hannover, Lhst.	308.272	12,8	43,8	-4,1	43,8	54,5	58,9	4,4	9,6	-1,7	21,4	4,7	101,8	7,0
Bremen, St.	260.385	8,4	15,2	-17,7	31,0	44,2	47,2	3,0	10,0	-0,3	19,1	4,0	87,9	-13,6
Bremerhaven, St.	50.758	8,2	-3,2	-31,4	27,4	42,5	46,1	3,6	15,1	-1,6	11,4	3,0	65,4	-12,0
Osnabrück, St.	89.821	7,5	29,8	-9,0	38,4	54,9	57,2	2,4	8,0	0,0	16,3	4,6	88,6	1,6
Hildesheim, St.	46.181	7,1	-3,0	-25,4	21,3	43,0	46,2	3,2	10,1	-1,2	16,5	4,5	86,6	-4,5
Salzgitter, St.	47.371	4,8	-31,2	-32,8	-0,0	44,2	47,9	3,6	9,3	-0,5	10,6	2,8	84,3	-0,5
Ländliche Räume Zentren	**677.924**	**13,9**	**-9,8**	**-25,7**	**15,0**	**40,8**	**46,9**	**6,1**	**7,7**	**-1,7**	**10,5**	**2,8**	**82,4**	**4,8**
Ländl. Räume Bez. Braunschweig	**76.588**	**5,2**	**-50,2**	**-41,9**	**-9,3**	**39,0**	**43,2**	**4,2**	**8,1**	**-2,4**	**9,8**	**2,7**	**83,5**	**2,2**
Einbeck, St.	10.196	10,5	-58,1	-40,0	-18,0	35,0	41,0	6,0	8,5	-1,2	10,9	3,7	79,5	-0,1
Northeim, St.	12.753	9,4	-46,4	-38,6	-8,8	38,5	44,2	5,7	8,2	-1,4	10,6	3,4	81,5	1,2
Peine, St.	18.386	6,1	-17,9	-30,3	11,7	35,1	37,9	2,8	8,1	-2,7	9,6	1,8	83,3	0,6
Goslar, St.	19.049	2,8	-58,1	-50,0	-8,0	43,6	47,6	4,0	9,4	-2,5	10,7	3,1	91,0	9,1
Osterode a. H., St.	11.336	2,3	-81,4	-47,5	-34,4	46,0	51,2	5,2	6,2	-4,0	8,0	2,1	84,3	0,6
Herzberg a. H., St.	4.868	-7,6	-74,9	-50,6	-29,1	35,2	37,2	2,0	7,0	-2,9	6,6	1,5	71,3	-3,8
Ländl. Räume Bez. Leine-Weser	**96.377**	**8,0**	**-27,3**	**-34,7**	**6,9**	**39,3**	**43,7**	**4,3**	**8,7**	**-1,7**	**9,8**	**2,3**	**83,5**	**1,0**
Diepholz, St.	7.289	17,5	21,7	-13,6	33,0	39,2	45,1	5,9	7,4	-0,3	10,3	2,3	82,3	1,0
Nienburg (W.), St.	14.131	14,5	-30,7	-24,3	-7,0	39,0	46,0	7,1	8,8	-1,9	9,6	2,3	78,1	3,9
Bückeburg, St.	6.932	11,3	-30,2	-36,5	6,1	31,8	36,5	4,7	6,8	-1,8	9,0	3,3	91,5	3,9
Holzminden, St.	11.218	10,4	-26,7	-38,9	13,4	49,0	55,6	6,6	9,5	-0,9	11,6	2,4	80,2	1,1
Sulingen, St.	5.456	8,5	-7,9	-33,5	24,8	39,7	43,4	3,7	6,6	-1,4	7,3	1,4	76,6	2,5
Rinteln, St.	9.258	7,7	-54,0	-38,1	-16,6	32,4	36,8	4,5	7,6	-2,3	6,4	1,4	86,0	3,8
Hameln, St.	25.308	7,3	-23,3	-36,9	12,8	40,9	44,9	4,0	9,7	-2,2	10,3	2,7	87,5	2,6
Stadthagen, St.	9.384	2,9	-22,4	-37,1	14,1	41,1	43,3	2,1	10,5	-2,5	13,8	2,7	76,4	-8,1
Alfeld (L.), St.	7.401	-2,1	-52,3	-49,6	-3,1	39,9	39,1	-0,8	8,7	0,2	8,2	2,2	86,8	-5,4
Ländl. Räume Bez. Lüneburg	**206.510**	**12,8**	**-3,0**	**-25,9**	**22,2**	**42,8**	**48,4**	**5,6**	**7,9**	**-1,6**	**11,6**	**3,0**	**86,7**	**4,8**
Zeven, SG	10.522	21,5	16,7	0,3	15,8	38,9	46,4	7,6	4,6	-1,1	7,8	2,4	83,5	6,0
Soltau, St.	11.355	20,0	-9,9	-31,6	20,5	44,2	53,6	9,4	6,5	-3,7	8,8	3,0	82,2	1,6
Stade, Hst.	25.568	16,8	21,3	-18,3	38,7	48,8	55,9	7,0	9,5	-1,4	11,8	3,0	98,1	7,1
Lüneburg, Hst.	38.334	14,2	49,0	-5,3	52,4	48,6	52,8	4,3	8,1	-1,6	16,0	5,4	95,7	10,7
Celle, St.	35.419	12,1	-13,6	-30,3	16,3	45,3	51,5	6,2	9,2	-1,1	13,3	2,4	89,8	3,4
Verden (A.), St.	16.659	11,3	9,4	-14,7	22,0	56,3	62,0	5,8	8,0	-0,6	14,9	4,1	93,4	2,7
Rotenburg (W.), St.	12.883	10,1	-16,1	-24,1	6,3	54,8	61,3	6,5	6,4	-0,6	11,6	2,8	85,0	4,6
Cuxhaven, St.	17.694	10,0	-42,5	-53,2	7,7	31,9	36,7	4,8	8,7	-2,1	9,7	2,7	78,9	2,2
Uelzen, St.	16.056	9,2	-20,6	-39,3	17,9	43,1	48,1	5,0	7,7	-2,4	9,4	3,1	76,2	0,9
Lüchow (W.), SG	6.360	8,8	-40,1	-36,9	3,7	23,0	26,1	3,1	9,5	-3,1	5,6	-0,5	65,9	1,2
Walsrode, St.	7.793	8,4	-18,2	-23,5	3,3	30,4	33,5	3,2	6,7	-1,6	7,5	1,9	84,2	4,7
Bremervörde, St.	7.867	6,9	-23,3	-40,7	16,3	38,4	42,1	3,7	5,1	-0,3	7,8	2,1	82,1	2,2
Ländl. Räume Bez. Weser-Ems	**298.449**	**19,3**	**4,1**	**-17,2**	**20,4**	**40,5**	**48,1**	**7,6**	**7,0**	**-1,4**	**10,0**	**3,0**	**77,9**	**6,2**
Aurich, St.	22.221	38,6	9,6	-16,2	25,0	39,4	54,1	14,7	8,3	-1,6	12,8	4,7	80,7	5,6
Vechta, St.	19.587	34,0	63,7	20,4	40,0	49,6	62,5	12,9	4,7	-0,4	14,3	5,9	90,1	9,9
Lohne (O.), St.	14.044	31,8	51,2	21,9	28,8	43,7	54,7	11,1	4,3	-0,2	6,3	1,5	89,7	10,7
Friesoythe, St.	7.940	24,7	43,3	8,4	33,7	30,6	36,6	6,0	5,5	-1,5	6,0	1,0	61,5	6,6
Cloppenburg, St.	15.163	22,7	25,8	17,4	7,7	38,1	45,6	7,5	7,2	-1,0	9,4	2,3	70,3	6,4
Papenburg, St.	19.828	21,0	22,7	-3,0	24,5	46,6	55,1	8,5	5,3	-2,1	8,7	3,2	69,0	6,5
Emden, St.	34.257	19,3	-0,4	-24,1	20,9	57,4	68,5	11,1	8,0	-2,9	8,8	1,7	75,1	3,5
Meppen, St.	18.120	18,8	19,1	-10,0	29,0	45,0	52,4	7,5	3,6	-1,4	10,9	2,4	84,2	7,5
Wittmund, St.	6.387	18,8	-31,9	-26,1	-6,1	25,7	31,4	5,6	7,6	-1,8	7,0	1,0	66,0	4,4
Norden, St.	9.954	17,9	-14,9	-52,6	37,0	33,4	40,0	6,6	10,8	-2,9	8,5	3,3	64,5	3,6
Leer (O.), St.	20.769	16,7	4,8	-23,4	27,3	52,7	61,2	8,5	8,5	-3,0	11,2	4,6	81,5	10,0
Lingen (E.), St.	26.088	16,3	4,2	-11,1	15,4	42,9	49,7	6,8	3,7	-1,3	12,6	4,3	89,9	8,9
Nordenham, St.	10.113	14,2	-25,8	-34,9	8,5	32,8	38,4	5,6	8,9	-1,1	6,8	1,4	87,4	13,7
Nordhorn, St.	20.637	13,8	5,6	-16,2	20,4	34,7	39,2	4,6	5,5	-0,9	8,3	2,2	74,4	7,6
Varel, St.	9.180	13,4	-22,8	-36,2	12,4	33,6	39,0	5,4	6,4	-1,8	9,6	2,8	84,5	7,1
Brake (U.), St.	6.871	10,9	-38,2	-39,0	-0,8	39,8	45,9	6,1	9,6	0,7	9,0	0,2	77,5	2,4
Wilhelmshaven, St.	28.929	8,7	-32,8	-44,4	11,4	34,1	38,3	4,2	12,3	0,1	11,0	3,2	76,8	0,6
Artland, SG	8.361	6,5	27,7	-11,3	38,1	35,6	36,9	1,3	5,5	-2,1	9,1	4,2	67,6	1,6

Tab. 1: Struktur- und Entwicklungsindikatoren der Zentren der großstädtischen und ländlichen Pendlerverflechtungsbereiche; Quelle: Statistische Landesämter, Bundesagentur für Arbeit, CIMA Regionaldatenbank und eigene Berechnungen

7. Konsequenzen für die Regionale Entwicklungspolitik

Ausgeprägte Entwicklungsdisparitäten hinsichtlich der wirtschaftlichen und der demografischen Entwicklung sind offensichtlich in besonderer Weise von der Wirtschaftsstruktur und der langfristigen wirtschaftlichen Dynamik geprägt. Abweichungen im Altersaufbau der Bevölkerung, die sich vor allem aufgrund langfristiger selektiver Wanderungsprozesse gebildet haben, geben die perspektivische demografische Grundrichtung vor. Die sich deutlich abzeichnenden stabilen Entwicklungspfade der ländlichen Räume und ihrer Zentren machen es außerordentlich schwer, von diesen vorgezeichneten Entwicklungspfaden abzuweichen.

Die nachweislich engen Zusammenhänge zwischen der wirtschaftlichen und der demografischen Entwicklung geben die Gewichtungen einer nachhaltig wirksamen und effizienten Entwicklungsstrategie vor: Alle Anstrengungen, die Lebensbedingungen z. B. durch einen Ausbau der öffentlichen Infrastruktur attraktiver zu gestalten, dürften langfristig ins Leere laufen, wenn es nicht gelingt, den Qualifikationen der Erwerbsfähigen adäquate Möglichkeiten der Beschäftigung zu schaffen. Dies gilt sowohl für die nachwachsenden Alterskohorten als auch für Zuwanderer aus anderen Regionen oder für die besonders interessante Gruppe der Rückwanderer.

Deshalb muss Wirtschaftsförderung mit dem Ziel der Förderung des Strukturwandels bestehender Betriebe und der Gründung und Ansiedlung von Betrieben in den regionalen Entwicklungsstrategien die höchste Priorität haben. Dabei geht es in erster Linie um Beschäftigungsmöglichkeiten für Fachkräfte in innovativen und wachsenden Produktionen und Dienstleistungen. Die regionalwirtschaftlichen Zusammenhänge belegen auch deutlich: Nur in Standorten mit qualifizierten und hochqualifizierten Beschäftigten kann ein überdurchschnittliches Einkommensniveau erreicht werden.

Im Zuge innovations- und qualifikationsorientierten Strukturwandels ist beispielsweise der Anteil der Beschäftigten mit Abschluss an einer Hochschule beträchtlich gestiegen. Auch ländliche Regionen oder Standorte können sich diesem Trend zur Wissensgesellschaft nicht entziehen. Es wird aber auch deutlich, dass die Großstädte in den letzten Jahren ihren Vorsprung ausgebaut haben und offensichtlich immer attraktiver für qualifizierte Kräfte werden.

Für die ländlichen Räume und ihre Zentren gilt es, sich diesem »Wettbewerb um die besten Köpfe« zu stellen und vor allem den qualifizierten und hochqualifizierten Nachwuchs nicht aus den Augen zu lassen. Kooperation und Netzwerke mit Hochschulen und anderen Ausbildungseinrichtungen sind bewährte Instrumente, um Nachwuchskräfte zu binden. Frühzeitige schulische Praktika von Schülern bei ortsansässigen Unternehmen wecken das Interesse und tragen dazu bei den Fachkräftenachwuchs zu sichern.

Die Herausforderungen der Wissensgesellschaft erfordern in allen Regionen die konsequente Entwicklung, Förderung und Ausschöpfung aller Qualifikationspotenziale der Bevölkerung in allen Alters- und Qualifikationsstufen. Durch das Denken in Wertschöpfungsketten der Bildungsbiografien von der frühkindlichen Bildung über die allgemeine und berufliche Schulbildung bzw. Hochschulbildung bis hin zum Berufseinstieg gewinnen regionale Bildungs- und Qualifizierungsinitiativen eine besondere Aufgabe. Die Zusammenschau der regionalwirtschaftlichen Befunde für die ländlichen Räume und ihre Zentren zeigt, dass in der Regel struktur- und entwicklungsstarke Regionen auch starke Zentren aufweisen und schwache Regionen auch Zentren mit deutlichen Struktur- und Entwicklungsdefiziten. Wenn sich auch nicht in allen Fällen die Zentren als »Zugpferde« der ländlichen Räume erwiesen haben, so prägen sie doch die regionale Entwicklung allein schon aufgrund ihres regionalwirtschaftlichen Gewichts. Sie sind auch als zentrale Orte die geeigneten Ansatzpunkte zur Stärkung der Wirtschaftsstrukturen durch Wirtschaftsförderungsinterventionen oder zur Verbesserung der Standortbedingungen durch Infrastrukturinvestitionen. Allein schon aus Gründen der Erreichbarkeit ist eine Stärkung der Zentren in dünnbesiedelten Räumen mit schwierigen Bedingungen für den Öffentlichen Personennahverkehr geboten. Wegen der beträchtlichen Entwicklungsdisparitäten sollte die Entwicklung der Zentren der ländlichen Räume in Zukunft sorgfältig beobachtet werden, um ein weiteres Abrutschen von besonders schwachen kleinen und mittleren Städten zu verhindern.

Anmerkungen

1 Abgrenzung auf der Ebene der niedersächsischen Einheits- und Samtgemeinden
2 z. B. Daten der Volkswirtschaftlichen Gesamtrechnung (Berechnungen nur bis zur Kreisebene hinunter) oder tiefere Branchengliederungen (wegen der Schutzwürdigkeit von Einzelangaben)
3 Er ist eng verwandt mit der Pendlerbilanz, die als Relation zwischen Beschäftigten am Arbeitsort und den Beschäftigten am Wohnort die »Arbeitsmarktzentralität« anzeigt.
4 2015
5 jeweiliger Bundeswert D = 100
6 Sozialversicherungspflichtig Beschäftigte am Arbeitsort, 30.6.2015; Zu beachten ist, dass wegen der fehlenden Versicherungspflicht Selbständige und Beamte nicht erfasst sind, was zu Untererfassung z. B. in der Landwirtschaft, im Öffentlichen Sektor und bei einigen Dienstleistungsbereichen führt.
7 Großbetriebe der Stahlindustrie, des Fahrzeugbaus und der Elektrotechnik
8 Konzernsitz und bundesweit größter Produktionsstandort des Fahrzeugbau
9 »Autostadt« als Auslieferungszentrum für Neuwagen, Museum und Freizeitpark
10 Zur Vereinfachung wird der Wert auf dem Bundesdurchschnitt D = 100 bezogen.
11 Beschäftigte am Arbeitsort je Einwohner, jeweiliger Bundeswert = 100, 30.6.2015
12 V. a. Wissenschaft und Unterricht Hochschulen), Wissenschaftliche und technische Dienstleistungen (Forschungsinstitute), Gesundheitswesen (Hochschulkliniken), Kunst und Kultur, Unterhaltung
13 Finanzdienstleistungen (Versicherungen),

Information und Kommunikation (Medien, IuK-Dienstleister), Wissenschaft und Unterricht (Hochschulen), Wissenschaft liche und technische Dienstleistungen, sonstige Dienstleistungen für Unternehmen, Verkehr und Handel
14 Gesundheits- und Sozialwesen (Anstalten), Öffentliche Verwaltung (Bundeswehr)
15 Öffentliche Verwaltung (Bundeswehr), Sonstige Dienstleistungen, Verkehrsgewerbe (Reedereien)
16 Wissenschaft und Unterricht (Hochschule), Handel (Einkaufsstandort), Gesundheits- und Sozialwesen
17 Kultur und Unterhaltung (Freizeiteinrichtungen), Tourismus, Handel (FOC)
18 Wissenschaft und Unterricht (Hochschule), Öffentliche Verwaltung, Tourismus, Handel
19 Öffentliche Verwaltung (Bundeswehr), Gesundheits- und Sozialwesen, Verkehrsgewerbe
20 Öffentliche Verwaltung, sonstige wirtschaftliche Dienstleistungen, Handel
21 Öffentliche Verwaltung, , Gesundheits- und Sozialwesen, Dienstleistungen für Unternehmen
22 Öffentliche Verwaltung, sonstige wirtschaftliche Dienstleistungen
23 Gesundheits- und Sozialwesen, Öffentliche Verwaltung, Finanzdienstleistungen
24 Sonderentwicklung durch den Sitz der Zentralen Aufnahmebehörde für Flüchtlinge des Landes Niedersachsen:
25 Arbeitslosenquoten von unter 3 % werden als Vollbeschäftigung interpretiert, weil diese Größenordnungen allein durch die Suchzeiten bei normaler Fluktuation entstehen.
26 wie das Bestimmtheitsmaß von 0,20 zeigt
27 Standort des Deutschen Instituts für Lebensmitteltechnik DIL, das in den letzten Jahren stark gewachsen ist.
28 Unternehmens- und Forschungsstandort der Energiewirtschaft
29 hier gemessen am Gemeindeanteil an der Einkommensteuer je Einwohner, 2015
30 jeweiliger Bundeswert = 100
31 wie das Bestimmtheitsmaß von 0,45 belegt

Literatur

Jung, Hans-Ulrich, Fabian Böttcher, Ulrike Hardt und Alexander Skubowius: Regionalmonitoring Niedersachsen, Regionalreport 2009, insbesondere Teil II: Schwerpunktthema 2009 »Herausforderungen des demographischen Wandels für die Entwicklung ländlicher Räume«, Niedersächsisches Institut für Wirtschaftsforschung im Auftrag des Niedersächsischen Ministeriums für Ernährung, Landwirtschaft, Verbraucherschutz und Landesentwicklung, Hannover, 2010.

Jung, Hans-Ulrich und Fabian Böttcher: Regionalmonitoring Niedersachsen, Regionalreport 2012, Niedersächsisches Institut für Wirtschaftsforschung im Auftrag des Niedersächsischen Ministeriums für Ernährung, Landwirtschaft, Verbraucherschutz und Landesentwicklung, Hannover, 2012.

Rotenburg (Wümme) – Mittelzentrum im Dreieck zwischen Bremen, Hamburg und Hannover

Andreas Weber, Bürgermeister der Stadt Rotenburg (Wümme)

© Stadtverwaltung Rotenburg (Wümme)

Am Knotenpunkt wichtiger Bundesstraßen entwickelte sich Rotenburg (Wümme) im Laufe der Jahrzehnte zu einem Mittelzentrum im Dreieck Hamburg – Bremen – Hannover. Hatte das Marktrecht schon früh dafür gesorgt, dass Rotenburg (Wümme) eine herausragende Stellung in der Umgebung erhielt, so führt die Verleihung der Stadtrechte dazu, dass später eine Reihe von Behörden (u. a. Landkreis, Bundesagentur für Arbeit, Gesundheitsamt, Kataster und Finanzamt) hier angesiedelt wurden. Rotenburg (Wümme) ist auch nach der Kreisreform weiterhin Kreisstadt und Mittelpunkt des öffentlichen Lebens geblieben.

Die Stadt hat heute ca. 23 000 Einwohner und verfügt über ca. 13 000 Arbeitsplätze, die vor allem durch den Bereich der Dienstleistungen (Gesundheit, Heilerziehungspflege und Pflege im Agaplesions Diakonieklinikum sowie Rotenburger Werke, aber auch öffentliche Verwaltung) geprägt sind. Aber auch in der Produktion von Verkaufsfahrzeugen, Autoteilen, Baumaterialien bis hin zu Aquarien für den weltweiten Vertrieb sowie in der Logistik, im Handel und im Hanswerk sind Schwerpunkte vorhanden. Mit dieser hohen Anzahl von Arbeitsplätzen hat Rotenburg eine wichtige Bedeutung für die Region. Denn von den 13 000 Arbeitsplätzen werden ca. 8000 von Einpendlern besetzt, während 5000 Auspendler insbesondere in den Metropolen Bremen und Hamburg arbeiten.

Die hervorragende Anbindung Rotenburgs mit einem modernen Bahnhof an der Bahnstrecke zwischen Bremen und Hamburg sichert der gesamten Region die Möglichkeit, halbstündlich mit öffentlichen Verkehrsmitteln die Metropolen umweltfreundlich und schnell zu erreichen. Ein Verkehrslandeplatz bietet dem privaten, aber auch dem geschäftlichen Flugverkehr bequeme Landemöglichkeiten und flugaffinen Geschäftsleuten in unmittelbarer Anbindung Gewerbegrundstücke.

Eine attraktive Innenstadt mit einer hohen Aufenthaltsqualität in der Fußgängerzone sichert den Rotenburgern und Gästen aus der Region gute Einkaufsmöglichkeiten und den knapp 200 Geschäften, Cafés sowie Dienstleistungsbetrieben in Rotenburg (Wümme) gute Einnahmen. Verkehrsberuhigte Straßen, eine ausgedehnte Fußgängerzone und stadtkernnahe Wanderwege sowie ein gut ausgeschildertes Radwanderwegenetz laden zu einem Ausflug oder Urlaubsaufenthalt ein. Insbesondere die Jugendherberge mit ca. 220 modern eingerichteten Zimmern erfreut sich großer Beliebtheit für Klassenfahrten.

Die Stadt verfügt über zahlreiche Kinderbetreuungseinrichtungen, mehrere Grundschulen, eine Integrierte Gesamtschule, eine Montessori-Schule, ein Gymnasium, ein Berufsbildungszentrum, eine Volkshochschule, eine Fachschule für Sozialpädagogik und Heilerziehungspflege sowie Ärzte aller Fachrichtungen, ferner eine moderne Stadtbibliothek, ein Stadtarchiv, ein Heimathaus mit angegliedertem regionalem Umweltbildungszentrum, mehrere Galerien und Museen und eine Musikschule. Rotenburg (Wümme) verfügt über zahlreiche Kultur- und Sportvereine. Das stadteigene Erlebnisschwimmbad »Ronolulu« zieht viele Menschen aus nah und fern an und bietet beste Schwimm- und Freizeitbeschäftigungen auf höchstem Niveau.

Insbesondere die große Vielfalt, aber auch die hohe Qualität an sportlichen, kulturellen und naturkundlichen Erlebnis- und Beteiligungsmöglichkeiten erzeugt für die Rotenburger Bürger und die umliegenden Gemeinden eine hohe Attraktivität, Lebensqualität und -freude. Das dreitägige Straßenzirkus-Festival »La Strada« zieht im August beispielsweise tausende von Gästen aus Nah und Fern in die Rotenburger Innenstadt. Ein Kultur-Stadtkino ergänzt dieses Angebot schließlich.

Rotenburg (Wümme) hat als Mittelzentrum auch für die Menschen im Umkreis von bis zu 25 km eine positive ausstrahlende Wirkung, weshalb auch die Region von der hohen Qualität dieser Stadt profitiert.

»Zukunftsfonds Ortskernentwicklung« Landkreis Osnabrück – ein innovatives Instrument zur Stärkung der Zentren

Klaus Mensing

Die Kosten für investive Maßnahmen zur Stärkung der Zentren im Landkreis Osnabrück werden derzeit zu 40 % vom »Zukunftsfonds Ortskernentwicklung« getragen. Die übrigen 60 % übernehmen jeweils zur Hälfte die Kommunen und die Geschäftsleute bzw. Eigentümer. Dadurch werden die privaten Akteure in Klein- und Mittelstädten aktiviert und private sowie kommunale Mittel zur Stärkung der Ortskerne und Innenstädte mobilisiert. Der aktuelle Zukunftsfonds 3.0 hat den Förderschwerpunkt Onlinehandel.

1. Aktuelle Herausforderungen für die Zentren der Klein- und Mittelstädte

Die Bedeutung der Klein- und Mittelstädte war Thema der Tagung in Loccum und wird in mehreren Beiträgen dieses Heftes vertieft. Im vorliegenden Beitrag stehen attraktive und funktionierende Innenstädte und Ortskerne im Fokus, die mit einer qualitätsvollen, wohnortnahen Versorgung mit Handel, Gastronomie und Dienstleistungen, Gesundheits-, Freizeit- und Kultureinrichtungen Mittelpunkt und Visitenkarte der Klein- und Mittelstädte darstellen. Aufgrund bereits länger wirkender Megatrends wie der demografische Strukturwandel im Einzelhandel treten insbesondere in Klein- und Mittelstädten zunehmend Geschäftsleerstände auf – und in der Folge städtebauliche Missstände. Hinzu kommt seit einigen Jahren der Onlinehandel, der trendverstärkend wirkt.

Mit der Gemeindegröße korrelierende Herausforderungen sind vielfach (zu) geringe Flächengrößen, ungeklärte Nachfolgeregelungen und eine abnehmende finanzielle Schlagkraft der Geschäfte. Der Anteil potenter Eigentümer und Investoren ist eher niedrig, Werbegemeinschaften und Stadtmarketing-Organisationen (falls letztere überhaupt vorhanden sind) haben meist geringere Budgets als in größeren Kommunen. Je nach lokaler Situation und Aktivitätsniveau der Akteure vor Ort (Gewerbetreibende und Eigentümer, Politik und

Verwaltung) kann dies zu einem schleichenden Attraktivitätsverlust führen.

Auf der anderen Seite sind kleinere Zentren überschaubarer; man kennt sich. Der Handel prägt vielfach das Ortsbild. Daraus resultiert nachfrageseitig eine gewisse Bindung der Bevölkerung an ihr Zentrum und auf Seiten des Handels eine **lokale Basis für gemeinsame Angebote,** um die Einkaufsqualität der Innenstadt zu stärken – in Kooperation mit der Kommune, die durch eine gute Präsentation ihre Standortqualitäten im zunehmenden Wettbewerb um Bevölkerung und Arbeitskräfte verbessern möchte.

Schließt ein Geschäft, entsteht ein doppeltes Problem: Das Angebot entfällt und gleichzeitig entsteht Leerstand mit negativen Auswirkungen auf das Umfeld. Insbesondere in Klein- und Mittelstädten fallen Leerstände im Zentrum meist besonders ins Auge; das Gesicht der Ortsmitte verändert sich – und bei weiteren Leerständen bald das des gesamten Ortes! Daher ist es notwendig, bereits bei ersten Anzeichen aktiv zu werden. Die Maßnahmen müssen immer häufiger an die Substanz gehen, d.h.: Geschäftsräume müssen modernisiert und Flächen zusammengelegt werden, um marktgängige Folgenutzungen – darunter zunehmend auch Wohnen – zu ermöglichen. Ein solch vorausschauendes **Ortskern-Instandhaltungs-Management** sollte daher eine »Hardware-Förderung« enthalten, um Immobilien zu bewegen. So lautet im Übrigen eine zentrale Empfehlung der AG »Funktion der Ortskerne für die Stabilisierung Zentraler Orte« der LAG Nordwest der Akademie für Raumforschung und Landesplanung[1].

2. Der Zukunftscheck Ortskernentwicklung

Als Reaktion auf die Megatrends führt der Landkreis Osnabrück seit 2005 den **»Zukunftscheck Ortskernentwicklung«** durch: in Form moderierter **»PlanerWerkstätten«** (Abb. 1) in bislang 23 Landkreis-Kommunen und als Angebot für die Kommunen, um mit den Akteuren vor Ort frühzeitig aktiv zu werden und so vorausschauend auf die bestehenden Herausforderungen zu reagieren.

In diesen »PlanerWerkstätten« werden mit fachlicher Unterstützung des Fachdienstleiters Planen und Bauen des Landkreises Osnabrück, Arndt Hauschild, und des Büros CONVENT Mensing Kaufmannschaft/Werbegemeinschaft, Eigentümer, Gemeinde, Vereine und Institutionen für ein Engagement in ihrem Ortskern motiviert. Die Benennung der Probleme erfolgt auf der Start-Werkstatt weitgehend durch die Akteure selbst. Anschließend werden mit praxiserprobten Instrumenten aus der **»ToolBox Ortskernentwicklung«** (siehe www.landkreis-osnabrueck.de/zukunftsfonds) in Form von Besatzanalysen, Kundenbefragungen, Vermarktungsstrategien etc. die Probleme analysiert und umsetzungsorientierte Lösungen erarbeitet. Diese werden kurzfristig und meist unter vergleichbar geringem finanziellem Aufwand und der aktiven Mitwirkung der Eigentümer und Geschäftsleute sowie der Gemeindeverwaltung und -politik umgesetzt, denn nichts beflügelt mehr als der sichtbare Erfolg! Hierdurch entsteht Motivation zum Weitermachen.

Abb. 1: Die Arbeit in der »PlanerWerkstatt«. Foto: Klaus Mensing

Im Verlauf des Zukunftschecks ist deutlich geworden:

- Neben Maßnahmen wie Werkstätten, Strategieentwicklung und Moderation (quasi die »Software«) ist es aufgrund der genannten Megatrends gerade in Klein- und Mittelstädten immer wichtiger, auch investive Maßnahmen für Immobilien und Geschäfte sowie den (halb-)öffentlichen Raum (die »Hardware«) zu ergreifen, um marktgängige Flächen für neue Nutzungen zu schaffen und die Aufenthaltsqualität zu verbessern.
- Um hierfür angesichts knapper finanzieller Ressourcen der Kommunen privates Kapital zu aktivieren, sind niedrigschwellige, möglichst unbürokratische Förderinstrumente notwendig – im Rahmen der Städtebauförderung und bevor städtebauliche Missstände auftreten.

Die **»Quartiersinitiative Niedersachsen« (QiN)** hat von 2007–2011 eine Landesförderung (auch) für investive Maßnahmen etc. in Höhe von 40 % ermöglicht. QiN gilt gemeinhin als erfolgreiche Modellförderung zur Belebung der Innenstädte. Der Landkreis Osnabrück hat QiN intensiv genutzt: Durch den Vorlauf der »PlanerWerkstätten« konnte achtmal eine erfolgreiche QiN-Bewerbung realisiert werden; dies war die höchste Quote eines Landkreises in Niedersachsen. Als QiN nicht fortgeführt wurde, hat der Landkreis Osnabrück gemeinsam mit CONVENT Mensing den »Zukunftsfonds Ortskern« entwickelt – als Weiterentwicklung des »Zukunftschecks« mit ergänzender »Hardware«-Förderung.

3. Der »Zukunftsfonds Ortskernentwicklung«

Die Kosten für investive Maßnahmen zur Stärkung der Zentren im Landkreis Osnabrück werden derzeit zu 40 % vom »Zukunftsfonds Ortskernentwicklung« getragen. Die übrigen 60 % übernehmen jeweils zur Hälfte die Kommunen und die Geschäftsleute bzw. Eigentümer. Ziel ist die nachhaltige Stärkung der Ortskerne und Innenstädte im Landkreis Osnabrück durch Förderanreize für Maßnahmen zur Erhöhung der Besatz- und Aufenthaltsqualität. Diese müssen kooperativ zwischen Kommune und Privaten erarbeitet werden und in ein zukunftsfähiges Konzept für das Zentrum eingebunden sein. Gefördert werden investive Maßnahmen für die »Hardware« (Geschäfte, Immobilien und (halb-) öffentlicher Raum) und nicht investive Maßnahmen für die »Software« (Etablierung einer Standortgemeinschaft, Professionalisierung des Besatzmanagements etc.).

Durch die Förderung werden die Akteure vor Ort dabei unterstützt, Antworten auf die genannten Megatrends sowie die neuen Herausforderungen wie den Onlinehandel zu finden, Strategien zu entwickeln und Maßnahmen umzusetzen. Der Landkreis hat den Zukunftsfonds 2012/13 erstmalig als Pilotwettbewerb aufgelegt (Abb. 2).

Seit der Auftaktveranstaltung im April 2016 läuft der **»Zukunftsfonds Ortskernentwicklung 3.0«** mit dem Förderschwerpunkt Onlinehandel. Für den Förderzeitraum 2016/2017 steht erneut ein Budget von 80 000 Euro zur Verfügung (= 40 %). Dies ergibt zusammen mit der Kofinanzierung vor Ort ein Maßnahmenbudget von 200 000 Euro und je nach Zahl der Gewinnerkommunen und der beantragten Maßnahmen Investitionssummen von 500–9 000 Euro pro Maßnahme. Das tatsächlich realisierte Investitionsvolumen liegt deutlich über 200 000 Euro.[2]

Ziel des Zukunftsfonds ist es, die Akteure vor Ort zu Maßnahmen zu bewegen, noch bevor (zu viele) Leerstände und Versorgungslü-

Abb. 2: Stolze Gewinnerkommunen mit Urkunden – Der Zukunftsfonds-Wettbewerb motiviert.
Foto: Henning Müller-Detert

cken die Beseitigung eklatanter Missstände nicht zuletzt angesichts knapper öffentlicher Mittel nahezu unmöglich machen. Darum braucht es niedrigschwellige Strategien: Mit vergleichsweise kleinen Investitionsanreizen wird an vorhandenen Problemlagen angesetzt. Anschließend werden – eingebettet in eine längerfristige Strategie zur Stärkung des Zentrums – innerhalb des Förderzeitraums wirksame Maßnahmen durch die Akteure vor Ort realisiert. Dadurch sind beispielsweise Folgenutzungen für Immobilien realisierbar, solange das Zentrum noch lebendig und attraktiv ist. Hinzu kommen zwei weitere relevante Merkmale dieses Instruments:

- Förderrichtlinien, Ausschreibung, Antrag, Bewerbung und Durchführung sowie Dokumentation und Abrechnung (Verwendungsnachweis) sind vergleichsweise unbürokratisch. Der Zukunftsfonds läuft in Regie des Landkreises, ohne Landes-/ Bundes- oder EU-Mittel und die entsprechenden zeit- und arbeitsaufwändigen Bemühungen um Anträge und Nachweise. Dadurch ist die Teilnahme auch kleinen Gemeinden möglich.
- Die räumliche Deckung (= Lokalität) zwischen den Standorten (Immobilien, Geschäfte, öffentlicher Raum) und denjenigen, die von den Maßnahmen profitieren (Kommune und private Geschäftsleute/ Eigentümer) erhöht die Mitmachbereitschaft frei nach dem Motto: Man sieht, wo das Geld bleibt, nämlich vor der eigenen Ladentür. Die durch die Förderung initiierte lokale PPP-Kooperation fördert die Netzwerkbildung und unterstützt ein koordiniertes Handeln aller Beteiligten.

Abb 3: Belebung des Ostercappelner Kirchplatzes mit dem »Roten Sofa«, hier mit Klaus Mensing. Foto: Arndt Hauschild

Selbstverständlich gilt auch für den Zukunftsfonds: Wenn der Antrieb und die Menschen, die sich aktiv für die Maßnahmen einsetzen fehlen, leidet die Umsetzung der Konzepte. Auf dem Weg von der Formulierung des Problems bis hin zu seiner Lösung liegen immer wieder typische Stolpersteine: Neben der grundsätzlichen Zeitknappheit durch das Tagesgeschäft stören mitunter nicht konsensfähige Interessenlagen vor Ort, noch nicht hinreichend belastbare Kooperationsstrukturen oder nicht handlungswillige Akteure, z. B. Eigentümer, die bei einem Mieterwechsel für die Folgenutzung keine Kompromisse in der Mietpreisgestaltung eingehen.

Jede Kommune ist anders, aber die Probleme sind überall die gleichen – das ist eine Erkenntnis aus der Loccum-Tagung. Zu diesen Problemen zählen die vielfältigen Pflichtaufgaben der Kommunen und eine häufig unzureichende Personalausstattung, um etwa auf die aktuelle Herausforderung des Onlinehandels angemessen zu reagieren. Daher spielt der **Landkreis Osnabrück als inhaltlicher Impulsgeber und finanzieller Förderer** eine entscheidende Rolle: durch die Anschubförderung, die PPP-Kooperationen initiiert und privates und öffentliches Kapital für Investitionen in die lokale Wirtschaftsstruktur mobilisiert – und somit die Wettbewerbsfähigkeit der Städte und Gemeinden im Osnabrücker Land stärkt. Darüber leistet der Zukunftsfonds einen Beitrag, um die Handlungsspielräume vor Ort aufzuzeigen (»Was können wir vor Ort konkret bewegen?«) – und bewirkt so auch über den jeweiligen Wettbewerb hinaus positive Veränderungen vor Ort.

4. Durchführung und Projektmanagement des Zukunftsfonds-Wettbewerbs

Mit der Wettbewerbsausschreibung werden alle Städte und Gemeinden sowie die Werbegemeinschaften und Stadtmarketingorganisationen im Landkreis Osnabrück angeschrieben. Die Akteure vor Ort (Kaufmannschaft/Werbegemeinschaft, Eigentümer, Gemeinde, Vereine und Institutionen) bewerben sich gemeinschaftlich; die kooperative Bewerbung ist Fördervoraussetzung. Die förderfähigen Maßnahmen müssen im Antrag konkret benannt und begründet werden (Ziele, Inhalte, Kosten und kofinanzierende Eigentümer und Gewerbetreibende) und in die Ziele der Orts(kern)entwicklung eingebunden sein.

Die Vorprüfung der Bewerbungen für die Jurysitzung erfolgt durch das Büro CONVENT Mensing in Abstimmung mit dem Landkreis Osnabrück. In der Jury sind neben den Kreistagsfraktionen die IHK Osnabrück-Emsland-Grafschaft Bentheim und der Handels- und Dienstleistungsverband Osnabrück-Emsland e. V. vertreten. Den Vorsitz hat bereits zum dritten Mal Prof. Dr. Axel Priebs, Erster Regionsrat der Region Hannover und ausgewiesener Experte zum Thema Zentrenstärkung. Nach positiver Entscheidung der Jury wird der Zuwendungsbescheid erteilt (Abb. 4).

Abb. 4: Jury-Sitzung Zukunftsfonds Ortskernentwicklung 3.0 im Juni 2016, links an der Tafel der Jury-Vorsitzende Prof. Dr. Axel Priebs. Foto: Henning Müller-Detert

Die Zahl der Gewinnerkommunen variiert in Abhängigkeit der Anzahl der Bewerbungen sowie der Bewilligungen durch die Jury. Die Maßnahmen werden dann von den Akteuren vor Ort bis zum Ablauf des Förderzeitraums umgesetzt; dieser beträgt 15 Monate, mit einmaliger Verlängerungsoption um drei Monate (vgl. ausführlich www.landkreis-osnabrueck.de/zukunftsfonds).

Das **Projektmanagement** übernehmen der Fachdienstleiter Planen und Bauen des Landkreises Osnabrück und der Inhaber des Beratungsbüros CONVENT Mensing, Hamburg, mit jeweils einer Mitarbeiterin. Das Projektmanagement in den Gewinnerkommunen mit Koordination der Maßnahmenumsetzung sowie Mittelverteilung, Abrechnung, Verwendungsnachweis etc. erfolgt durch den/die jeweilige(n) Stadtplaner/in der Kommune in Kooperation mit den beteiligten privaten Akteuren.

Die **Durchführung der Maßnahmen** wird durch Werkstätten für den Erfahrungsaustausch, eine begleitende Öffentlichkeitsarbeit sowie eine Qualitätskontrolle unterstützt, um eine hohe Qualität der Maßnahmen sicherzustellen und die Akteure zur kontinuierlichen Umsetzung zu motivieren. Die Publikation der Ergebnisse im ein- bis zweimal jährlich erscheinenden **»InfoDienst Ortskernentwicklung«** erzeugt zudem das Bedürfnis, innerhalb kurzer Zeiträume sichtbare Erfolge zu präsentieren.

5. Aktueller Förderschwerpunkt Onlinehandel – Zukunftsfonds 3.0

Der Onlinehandel ist eine Herausforderung für den Einzelhandel und die Innenstädte. Wer im Netz nicht zu finden ist, hat weniger Umsatzchancen. Die Kunden suchen und vergleichen zunehmend (auch per Smartphone) im Netz, kommen zum Ansehen, Anprobieren und Kaufen ins Geschäft und wollen dort kompetent bedient werden. Der Trend heißt »ROPO«: research online, purchase offline. Wie die Digitalisierung allgemein bietet auch der Onlinehandel Chancen, insbesondere im ländlichen Raum: zusätzliche Umsätze generieren, fehlende Versorgungsangebote ergänzen oder die Lebensqualität bei eingeschränkter Mobilität verbessern – das sind nur einige Aspekte. Mittlerweile haben zahlreiche Einzelhändler, Werbegemeinschaften und Kommunen reagiert, um die Kunden auf allen Kanälen anzusprechen (Mulitichannel): mit modernen Homepages und neuen Online-Portalen als dritte, virtuelle Standorte neben Innenstadt und grüner Wiese, durch Nutzung der sozialen Medien wie Facebook und Instagram und mehr (vgl. Mensing 2016).

Allerdings ist der Onlinehandel nicht die einzige Ursache für die Probleme des Einzelhandels. Daneben gibt es bereits länger wirkende Trends wie Flächenwachstum, Strukturwandel und demografischer Wandel aber auch kommunalpolitische Entscheidungen (Stichwort »grüne Wiese«). Das bedeutet konkret: »Eine App macht noch keinen modernen Einkaufsstandort« (Immobilienzeitung). Wer sein

Abb. 5: Was ist zu tun? Handlungsfelder online und offline. Grafik: Klaus Mensing

Geschäft bereits offline nicht gut aufgestellt hat, wird auch online wenig Chancen haben. Daher ist auch weiterhin das **klassische Instrumentarium des Besatzmanagements und Stadtmarketings** zu nutzen. Es sind zunächst die »Offline-Hausaufgaben« zu machen (Abb. 5). Die Ausschreibung des Zukunftsfonds berücksichtigt dies in zweierlei Hinsicht:
- Bedingung für die Bewerbung und strategische Grundlage der Maßnahmen ist ein **Marketing-Konzept**, das einen zeitgemäßen Online-Auftritt des Ortskerns und der Geschäfte mit einem marktgerechten Offline-Angebot der Geschäfte im Ortskern verknüpft
- Förderfähig – und auch von den meisten Kommunen beantragt – sind explizit auch **Offline-Maßnahmen** zur Stärkung der klassischen Kompetenzen des stationären Handels wie Beratung und Service (Anfassen/Anprobieren/Mitnehmen der Ware) in Form von für die Kunden nutzbaren Investitionen in die Ladengestaltung (Erlebniseinkauf), barrierefreien Eingängen oder einer Erhöhung der Aufenthaltsqualität im öffentlichen Raum.

Dass der Zukunftsfonds mit diesem Online-/Offline-Ansatz auf dem richtigen Weg ist, zeigen die Ergebnisse der **Befragung »Vitale Innenstädte«**:[3] Nicht nur Onlinehandel stellt Konkurrenz dar, entscheidend bleibt der Wettbewerb zwischen den stationären Standorten bzw. einzelnen Kommunen. Dabei sind Ambiente und Flair sowie ein attraktiver Branchenmix auch weiterhin wichtige Faktoren, die die Kunden in die Zentren locken. Bestehende Erkenntnisse aus dem Offlinehandel gelten somit weiter.

6. Beispielhafte Maßnahmen – ein Werkstattbericht

Die Palette der Maßnahmen zur Aufwertung der Stadt- und Ortszentren ist groß und orientiert sich an den Herausforderungen vor Ort und der Handlungsbereitschaft der Akteure. Beispielhaft seien nachfolgend einige geförderte Maßnahmen aus dem laufenden Zukunftsfonds 3.0-Wettbewerb genannt.

Im analytisch-konzeptionellen Bereich steht am Anfang aller Maßnahmen die Erarbeitung von Bestandsanalysen und Alters-/Leerstands-Karten. Für die Aufwertung der Ortskerne hat sodann der Aufbau eines Besatzmanagements hohe Priorität, flankiert durch Standort-Flyer und Vermarktungs-Exposés. Für den äußeren Eindruck eines Ortskerns kann als Sofortmaßnahme auch die Kaschierung von Leerständen mit kreativen Motiven (z. B. Ausstellungen in den Schaufenstern) sinnvoll sein. Im organisatorischen Bereich ist der Aufbau oder die Neuorganisation von Werbegemeinschaften ein wichtiger Ansatz.

Bei den baulichen Maßnahmen steht naturgemäß der Umbau von Immobilien zur besseren Vermarktbarkeit im Mittelpunkt. Für den Charakter des Ortskerns ist die Auffrischung der Ladengestaltung der einzelnen Geschäfte ebenso wichtig wie die Möblierung des öffentlichen Raumes zur Verbesserung der Aufenthaltsqualität sowie die Stärkung der Außengastronomie. WLAN in

Abb. 6: Barrierefreier Eingang in Quakenbrück.
Foto: Katharina Vater

der Innenstadt sollte künftig eine Selbstverständlichkeit sein.

Mit der Verfügbarkeit von WLAN können auch moderne (mobile) Portale als neue virtuelle Marktplätze der Kommunen eine zusätzliche Wirkung entfalten, um die Angebote der Geschäfte im Ortskern zu präsentieren. In diesem Zusammenhang müssen ergänzend Konzepte zur Nutzung der sozialen Medien wie Facebook und Instagram entwickelt werden. Zunehmende Bedeutung haben schließlich Image-Kampagnen im Rahmen von Crossmedia-Konzepten (z. B. »Buy local«-Kampagne mit Werbebannern und dem Claim »Jetzt auch hier ... Online-Shopping nach 18.00 Uhr und sonntags«).

Abb. 7a: Ehemaliger Leerstand im Ortskern von Melle-Buer...

Abb. 7b: ...heute ein attraktives Lokal und Treffpunkt. Fotos: Ursula Thöle-Ehlhardt; Klaus Mensing

Abb. 8: Neue Internet-Plattform der Bad Essener Geschäfte. Foto: Gewerbeverein Bad Essen e. V.

7. Fazit und Ausblick

Der Zukunftsfonds ist **ein innovatives und mindestens in Norddeutschland einmaliges Instrument**. Die nach dem Pilotwettbewerb durchgeführte Evaluation hat gezeigt: Mit der finanziellen Förderung sowie der Begleitung der Kommunen durch Informationsveranstaltungen, Werkstätten für den Erfahrungsaustausch und fachlicher Beratung ist der Zukunftsfonds ein geeignetes Instrument, um die privaten Akteure insbesondere in Klein- und Mittelstädten zu aktivieren, neue Management-Strukturen zwischen Kommune und Privaten zu etablieren (Standortgemeinschaft) sowie private und kommunale Mittel zur Stärkung der Ortskerne und Innenstädte zu mobilisieren. Das erprobte Instrument mit seinen Modulen wäre jederzeit auf andere Landkreise übertragbar. Voraussetzungen sind ein entsprechendes Budget und eine engagierte Person in der Kreisverwaltung.

Der innovative Charakter wurde 2014 durch die Arbeitsgruppe der Akademie für Raumforschung und Landesplanung (ARL) »Die Funktion der Ortskerne für die Stabilisierung Zentraler Orte« gewürdigt. Die Arbeitsgruppe plädiert für eine Funktionsstärkung der Innenstädte und Ortskerne und dafür, das klassische Instrumentarium der Raumordnung/Landesplanung und Regionalplanung um Strategien und Instrumente zu ergänzen, die die Entscheidungsträger vor Ort aktivieren und ökonomische Handlungsanreize bieten.

Anmerkungen

1 Vgl. als Ergebnis der AG die Arbeitshilfe für Kommunen »Stärkung der Ortskerne und Innenstädte. Initiativen und Instrumente aus der Praxis für die Praxis«, Hannover 2014.
2 Dies liegt daran, dass einige Maßnahmen zu mehr als 30 % privat kofinanziert werden und zudem einige der beantragten, jedoch nicht förderfähigen Maßnahmen dennoch durchgeführt werden. Die Investitionseffekte, die im Zuge der damaligen Quartiersinitiative Niedersachsen (QiN) in den acht beteiligten QiN-Kommunen im Landkreis Osnabrück ausgelöst wurden (QiN übernahm ebenfalls eine Förderung in Höhe von 40 %, allerdings fü das Land) lagen bezogen auf die Fördermittel etwa beim Faktor 10.

Literatur

Hauschild, A.; Mensing, K.; Priebs, A.: Zukunftsfonds Ortskernentwicklung. Ein innovatives Instrument für lebendige Zentren. In: RaumPlanung 171/6-2013, S. 54-58.

Schüppler, Ulrich: Mobiles Shoppen taugt nicht als Sündenbock des Handels Immobilienzeitung 14 /2017 [06.04.2017], S. 12.

Landkreis Osnabrück: Zukunftsfonds Ortskernentwicklung, Förderrichtlinien, Ausschreibung und Teilnahmeantrag, Osnabrück 2012, 2014, 2016.

Mensing, K.; Hauschild, A.; Lammers, E. et. al.: Stärkung der Innenstädte und Ortskerne. Initiativen und Instrumente aus der Praxis für die Praxis. Arbeitshilfe für Kommunen der LAG Nordwest der Akademie für Raumforschung und Landesplanung ARL, Hannover 2014.

Mensing, K.: Die Bedeutung des Onlinehandels für den ländlichen Raum – Ergebnisse und Handlungsansätze aus Fallstudien in Klein- und Mittelstädten. In: Franz, M., Gersch, Inka: Online-Handel ist Wandel, Mannheim 2016.

Bedeutung Vechtas für das Umland: Dienstleister für die Region

Helmut Gels, Bürgermeister der Stadt Vechta

© Stadtverwaltung Vechta

Die Stadt Vechta übernimmt als Mittelzentrum und Kreisstadt des Landkreises Vechta wichtige Aufgaben für die dortige Bevölkerung und die Bewohner der übrigen neun Städte und Gemeinden im Landkreis. Durch den Sitz des Bischöflich Münsterschen Offizialats und als Standort mehrerer Verwaltungen und Behörden hat Vechta auch eine Bedeutung für Regionen über das unmittelbare Umland hinaus.

Die Große Straße in der Vechtaer Innenstadt ist in der Region als Einkaufsstraße bekannt und auch für auswärtige Besucher ein beliebtes Ziel. Zahlreiche inhabergeführte Geschäfte prägen den lokalen Einzelhandel. Der Stoppelmarkt als überregional bekanntes Volksfest zieht alljährlich im August hunderttausende Besucher an.

Als wachsende Stadt mit einem gut funktionierenden zentralen Versorgungsbereich ist Vechta noch nicht in dem Maße von den Auswirkungen des demografischen Wandels betroffen wie Städte und Gemeinden in anderen Landesteilen. Um auch künftig weiterhin den wachsenden Herausforderungen begegnen zu können, sind aber Förderprogramme für einen preisgünstigen Wohnungsbau auch für Vechta und vergleichbare Kommunen von größerer Bedeutung als eine starre Mietpreisbremse.

Den Herausforderungen des Wachstums insbesondere im Bereich des Wohnungsmarktes begegnet die Stadt Vechta mit einem städtebaulichen Konzept zur verträglichen Nachverdichtung. Die Steuerung der Innenentwicklung erfolgt hier mittels verschiedener Zonen, in welchen die Wohneinheiten je Wohngebäude mit Bezug zur Baugrundstücksfläche geregelt sind.

Die bauliche Gestaltung von Klein- und Mittelstädten

Sabine Baumgart

In Klein- und Mittelstädten sind die Kernstadt und die Ortsteile oftmals von Problemen des wirtschaftlichen Strukturwandels und demografischen Veränderungen gekennzeichnet. Diese schlagen sich auf die Identifikation der Bevölkerung mit ihrer Stadt und das Orts- bzw. Stadtbild nieder. Zukunftsfragen an die bauliche Gestaltung orientieren sich auf die Stadtmorphologie mit räumlichem Fokus auf die Kernstadt und die Ortsteile. Sie adressieren auch dynamische Themen wie Einzelhandelsentwicklung, Gesundheit und Gesundheitsförderung einer alternden Gesellschaft sowie Kultur als thematischer Fokus sowie auf Planungskultur, die Planungsinstrumente und zivilgesellschaftliche Initiativen als planerischer Fokus.

1. Einführung – demografische Ausgangslage

Weit mehr als die Hälfte der Bevölkerung in Deutschland, gut 61 %, lebt heute in Klein- und Mittelstädten und über die Hälfte aller abhängig Beschäftigten (55,6 %) arbeitet in einer Klein- oder Mittelstadt (Gatzweiler 2012). Mit Ausnahme des Saarlands und Nordrhein-Westfalens ist bundesweit die Kleinstadt der dominierende Stadtgrößentyp. Das Einfamilienhaus ist nach wie vor bei ca. einem Drittel der Bevölkerung der bevorzugte Wohntyp (Bundesstiftung Baukultur 2016, S. 33). Mittelstädte waren und sind neben den Kleinstädten typisch für das bundesdeutsche Siedlungssystem. 33 % der Bevölkerung bevorzugen einen Wohnstandort in einer Klein- oder Mittelstadt (ebd., S. 37).
Vor allem Klein- und Mittelstädte in der Nähe von Großstädten wachsen (ebd., S. 29). In vielen ländlichen Regionen, insbesondere in peripherer Lage, finden jedoch Abwanderungsprozesse der jungen, mobilen Bevölkerungsgruppen statt. Hier ist seit einigen Jahren ein Preisverfall von Grundstücken und Immobilien zu verzeichnen. Dem Standortvorteil von Ballungsräumen stehen jedoch massive Schrumpfungsprozesse bei der Bevölkerungsentwicklung in 37 % der befragten Gemeinden gegenüber. Eine Gegenüberstellung von wachsenden und schrumpfenden Städten und Gemeinden im Zeitintervall 2010 bis 2015 zeigt schrumpfende und überdurchschnittlich schrumpfende Gemeinden vor allem in den ostdeutschen Bundesländern, aber auch geballt im südlichen Niedersachsen (Bundesamt für Bau-, Stadt- und Raumforschung 2015).
Die Folge einer weniger werdenden Bevölkerung sind sinkende Haushaltszahlen und

damit verbunden weniger Nachfrage auf dem Wohnungsmarkt. Dies kann beträchtliche Größenordnungen annehmen. So erwartet die NBank im Zeitraum von 2013 bis 2035 laut Wohnungsmarktbeobachtung 2014/15 im Landkreis Osterode einen Rückgang um 25 % (Piegsa, Walther 2016). In den letzten fünf Jahren fielen die Preise für Ein- und Zweifamilienhäuser im ländlichen Raum wie im Landkreis Osterode um ca. 15 % (ebd., S. 18). Demzufolge ist ein Anstieg an Leerständen bei Wohnimmobilien zu verzeichnen. »Insbesondere die niedrigen Angebotspreise in Ostdeutschland weisen bereits heute auf nachfrageseitige Effekte – wie die demografische Entwicklung – auf Immobilienpreise hin. So lag beispielsweise der Angebotspreis für Ein- und Zweifamilienhäuser im Landkreis Harz im Jahr 2015 bei 625 Euro je Quadratmeter Wohnfläche und damit weniger als halb so hoch wie der gesamtdeutsche Median mit 1580 Euro je Quadratmeter. [Der Landkreis Harz erfuhr einen Bevölkerungsrückgang von knapp 23 Prozent.]« (Westermeier, Grabka 2017, S. 453)

Gleichzeitig sind in den wachsenden Kernen von Klein- und Mittelstädten, insbesondere in Ballungsräumen und deren Randbereichen, vor allem in gut erreichbaren regionalen Lagen entlang von Trassen des Öffentlichen Personennahverkehrs Engpässe in Bezug auf bezahlbare kleine Wohnungen zu beobachten. Diese vielfach altersbedingte Nachfrage nach kleineren Wohnungen in zentraler Lage mit guten Versorgungsqualitäten anstelle des Einfamilienhauses als Empty Nest in den Ortsteilen bildet sich deutlich ab. Dies zeigt sich beispielsweise sehr deutlich in den Städten Achim und Verden (beide ca. 30 000 Einwohner), die diese Qualitäten aufweisen und die eine Erhöhung des Angebots an bezahlbarem Wohnraum im Zentrum anstreben. Aber auch junge Familien stellen eine nach wie vor starke Nachfragegruppe in Städten dieser Lage und Erreichbarkeit dar.

Darüber hinaus und auch unabhängig von der demografischen Entwicklung haben klein- und mittelstädtische Kernstädte, aber auch einzelne Ortsteile mit leerfallenden Erdgeschosslagen an zentralen Plätzen oder Ausfallstraßen zu kämpfen. Der Strukturwandel im Einzelhandel, der sich in einer verstärkten Filialisierung und einer Nach-

Abb. 1a: Leerstehendes Kaufhaus in Mölln vor dem Umbau. Foto: BPW baumgart+partner

Abb. 1b: Das gleiche Kaufhaus nach dem Umbau. Foto: BPW baumgart+partner

frage nach größeren Einheiten ausdrückt, führt in Städten dieser Größenordnung zu einer Abwärtsspirale, wenn große Lebensmittel- oder Drogeriemärkte ihre Pforten schließen und damit die Frequenzbringer wegbrechen. Damit reduzieren sich auch Angebote in Gastronomie und Kultur. Dies ist nicht nur ein Funktionsverlust für integrierte Lagen, sondern wirkt sich auf das Stadt- und Ortsbild aus und beeinflusst die Identifikation der Bevölkerung mit ihrer Stadt negativ.

Lösungsansätze sind somit für den Umgang mit Leerständen im Einzelhandel und mit der Infrastruktur sowie der Verwahrlosung öffentlicher Räume und Fußgängerzonen zu suchen. Ebenso sind neue Nutzungen für historische Gebäude zu entwickeln, gestalterische Defizite in Form von Funktionsbrüchen, insbesondere im Übergang von der historischen Innenstadt zu den Ausfallstraßen, aber auch bei Brüchen in der Gestaltung der Kubatur und Baumaterialien zu bewältigen. Die bauliche Gestaltung und die Stadtmorphologie fokussieren sich in erster Linie auf die Kernstadt und die Ortsteile. Aktuelle Entwicklungen wie diese sind besonders dynamisch im Einzelhandel, aber auch im Bereich Gesundheit und Gesundheitsförderung einer alternden Gesellschaft sowie Kultur als thematischem Fokus zu beobachten und schließen Fragen zur Planungskultur, Planungsinstrumenten und zivilgesellschaftlichen Initiativen als planerischen Fokus ein. Der Beitrag befasst sich zunächst mit den aktuellen Herausforderungen für die bauliche Gestaltung. Im Folgenden werden strategische Ansätze für die städtebauliche Entwicklung von Kernstädten betrachtet und die Potenziale von Planungsinstrumenten diskutiert. Abschließend wird ein Fazit gezogen.

2. Aktuelle Herausforderungen für die bauliche Gestaltung in Klein- und Mittelstädten

Angesichts dieser aktuellen Herausforderungen, zum Beispiel die geänderten demografischen und ökonomischen Bedingungen des Schrumpfens, stellen sich verstärkt Fragen nach den Transformationsprozessen des baulichen Bestands, auch im Hinblick auf die Fragen der Anpassung an die Anforderungen einer alternden Bevölkerung und deren Mobilitätsbedürfnisse. Auch die Anpassung an den Klimawandel bildet aktuell planerischen Anlass für die Entwicklung von Konzepten wie den integrierten städtebaulichen Entwicklungskonzepten; dies wird hier jedoch nicht weiter vertieft. Die damit verbundenen Planungsaufgaben und deren Träger sowie die Gestaltung von Entscheidungsprozessen unterscheiden sich nicht nur hinsichtlich ihrer Schwerpunkte und der Komplexität der Planungsaufgaben von denen in Großstädten, sondern auch in den zur Verfügung stehenden Ressourcen im politisch-administrativen System und den die Planungskultur prägenden Eigenheiten.

Angesichts einer nahezu ausschließlichen Bestandsorientierung bei Planungsaufgaben im gebauten städtebaulichen Umfeld richten sich die Themen auf Fragen der physisch-materiellen Gestaltung des gebauten Raums und dessen bestehenden und zukünftigen Merkmalausprägungen. Entscheidungsprozesse vor Ort sind dabei oftmals deutlich beeinflusst von überörtlich agierenden Marktteilnehmern ohne Ortsbezug. Damit verbunden sind planungstheoretische und planungspraktische Fragen der Einflussnahme von fachlicher Expertise und der Öffentlichkeitsbeteiligung im Rahmen komplexer Konstellationen aller Akteure.

Diese Fragen stellen sich in spezifischer Weise in Klein- und Mittelstädten, denen inzwischen mehr Aufmerksamkeit in der Stadt- und Raumforschung zukommt. Denn es wurde erkannt, dass sich die städtebaulichen Ausprägungen urbaner zentraler, oftmals historischer Innenstadträume ebenso wie die Gestaltung von Verwaltungshandeln und politischen Entscheidungsfindungsprozessen von denen in Großstädten unterscheiden (u.a. Baumgart, Rüdiger 2010). Hinzu kommt die Digitalisierung, eine Entwicklung, die alle Lebensbereiche umfasst und in ihren Auswirkungen für (urbane) Versorgungsstrukturen noch nicht erkannt ist. Der Internethandel in Deutschland verzeichnet starke Zuwächse, während viele Innenstädte in ihrer traditionellen Versorgungsfunktion gefährdet sind. Der Wirtschaftswissenschaftler Gerrit Heinemann wird zitiert: »Prognosen, wonach bis 2020 rund 50000 Geschäften das Aus droht, sind nicht übertrieben. Das wird eher die Untergrenze sein. [...] Das eigentliche Drama wird sich in den Klein- und Mittelstädten abspielen.« (Tagesspiegel 26.08.2016). Die für die Funktionsfähigkeit von Zentren so wichtige Leitfunktion eines örtlich ansässigen Einzelhandels ist demnach besonders hier bedroht, denn 2015 kauften bereits 73 % der Bundesbürger online ein (vgl. Beckmann, Hangebruch 2016).

Somit stellen sich insbesondere für die Stadtpolitik in Klein- und Mittelstädten Fragen zur Sicherung der Versorgungsfunktion ihrer Zentren. Mit Blick auf ihre Attraktivität, die die Stadtbevölkerung zum Aufenthalt und Verweilen motiviert, gilt es auch, ihre Aufenthaltsqualitäten zu prüfen und ggf. zu sichern und weiterzuentwickeln. Dabei geht es auch um das Stadtbild. Der Ortskern wird von nur etwa der Hälfte der ansässigen Bevölkerung positiv bewertet, dies mit Blick auf die Gestaltung, Versorgungs- und Kommunikationsangebote (Bundesstiftung Baukultur 2016, S. 33). Der Nutzungswandel vor allem in historischen Ortskernen mit (drohendem) Leerstand und entlang prägender Einfallstraßen, die durch Märkte und Autohäuser sowie mit unzureichender Gestaltung des öffentlichen Raums verfremdet sind, muss rechtzeitig erkannt werden und durch individuelle, der jeweiligen Situation angepasste Gestaltkonzepte vor allem für den Ortskern und seine Ränder entgegengewirkt werden. Damit gilt es, die Leerstände der Wohnimmobilien und kulturellen Einrichtungen sowie der sozialen Infrastruktur und verwahrlosten öffentlichen Räume wiederzubeleben (Overhageböck 2009).

Für Klein- und Mittelstädte ist die entwicklungsplanerische Perspektive für die Kernstadt ebenso wie für die Ortsteile einschließlich deren Einfamilienhausgebieten von hoher Bedeutung für die städtebauliche Gestalt. Denn es müssen oftmals Lösungen für historische, die Kernstadt prägende Gebäude gesucht werden, die leergefallen sind und für die neue Nutzungen gefunden werden müssen, insbesondere in Erdgeschosslagen. Die Lebensmittelmärkte im Ortskern sind in Klein- und Mittelstädten deutlich stärker zurückgegangen als in Großstädten. Gleiches gilt für Banken und Sparkassen, die sich aus der Fläche zurückziehen und damit einen weiteren Beitrag zur Einschränkung von Angeboten der Daseinsvorsorge, aber auch von Möglichkeiten zur Kommunikation leisten (BBSR 2015). Dies wiederum hat negative Auswirkungen auf die öffentlichen Stadträume, vor allem Plätze und Fußgängerzonen, denen aufgrund geringer Publikumsfrequenz und Aufmerksamkeit die Verwahrlosung droht. Eine negative Spirale wird in Gang gesetzt. Nicht nur Einzelhandelslagen, auch Infrastrukturgebäude wie beispielsweise Schulen oder Kinos sind vielfach davon betroffen.

Aber auch gestalterische Brüche, die sich auf der Ebene von Gebäuden in Kubatur und Baumaterialien, oftmals in vielen historischen Schichten, überlagern stellen Problemlagen dar. Gleichzeitig vermitteln sich Defizite durch Funktionsbrüche im Übergang von der historischen Innenstadt entlang der Ausfallstraßen zu den Rändern hin, mit leerstehenden Schaufenstern und eingeschränkter Nutzbarkeit, insbesondere für Fußgänger und Radfahrer aufgrund schmaler Gehwege und hoher Belastung durch Kfz-Verkehr. Dabei ist körperliche Aktivität eine grundlegende Bedingung für physische und psychische Gesundheit. Sie ermöglicht, Ziele des alltäglichen Bedarfs selbständig zu erreichen. Wenn im Alltag das Zufußgehen und das Radfahren im Vordergrund stehen, wird das Wohnumfeld besonders wichtig, denn der Aktionsradius nimmt mit zunehmendem Alter ab. Somit sind körperliche Aktivität und Mobilität im Alter eng verschränkt mit Daseinsvorsorge und gesellschaftlicher Teilhabe.

3. Strategische Ansätze für eine städtebauliche Entwicklung in Klein- und Mittelstädten

Die angesprochenen Herausforderungen für die Funktionalität der Zentren in Klein- und Mittelstädten verweisen auf eine notwendige Inwertsetzung vorhandener Bau- und Freiraum-Strukturen (Abb. 2).

Abb. 2: Inwertsetzung historischer Fassaden am Kirchplatz in Winsen an der Luhe.
Foto: BPW baumgart+partner

Es gilt, strategische Ansätze zu finden, um die städtebauliche Entwicklung in Klein- und Mittelstädten zu stärken und zu qualifizieren, um diese an zukünftige Nutzungsanforderungen anzupassen und somit für die dort lebende Bevölkerung auch zukünftig attraktiv und lebenswert zu gestalten. Es gibt vielfältige Ansatzpunkte für eine bauliche Gestaltung:
- Sicherung und Stärkung als Wohnstandort: Dass Klein- und Mittelstädte nach wie vor ein bevorzugter Wohnstandort sind, ist eine gute Voraussetzung, um die Funktion Wohnen im Ortskern zu stärken, aber auch die Siedlungsflächen angesichts der im Baugesetzbuch geforderten Innenentwicklung (§ 1(5) BauGB) zu konzentrieren. Dazu bedarf es raumbezogener Datengrundlagen (vor allem Baulücken- bzw. Leerstandskataster, nicht ausgeschöpfte Reserven im Flächennutzungsplan), die mit einem Demografie-Monitoring zu verknüpfen sind.
- Sicherung und Entwicklung als Versorgungsstandort: Die Schließung des einzigen

Warenhauses im Stadtzentrum hat wahrnehmbare Auswirkungen auf das gesamte Umfeld und die Kundenfrequenz auch in den benachbarten Geschäften. Dazu trägt auch, aber nicht nur der Einkauf im Internet bei. Zu bedenken ist aber, dass nach einer aktuellen Umfrage in Nordrhein-Westfalen weniger die räumlichen, sondern ausgewählte demographische und sozio-ökonomische Faktoren das Einkaufsverhalten im Internet bestimmen (vgl. Baumgart, S.; Hangebruch, N.; Holtermann, L.; Krajewski, C.; Mensing, M; Neiberger, C; Osterhage, F.; Texier-Ast, V.; Wiegandt, C.; Zehner, K.; Zucknik, B. im Erscheinen). Es bleibt aber Handlungsbedarf für die Stadtpolitik, denn das Angebot für den gelegentlichen Bedarf vor Ort wird von der Bevölkerung in kleinen Städten eher defizitär bewertet (vgl. Bundestiftung Baukultur 2016, S. 47). »Ein Schlüsselfaktor für attraktive Innenstädte liegt in einem auf die jeweils ortsspezifischen Besonderheiten zugeschnittenen funktionsgemischten Angebot. Dabei greift eine Wettbewerbspositionierung allein über das Warenangebot zu kurz. Der Gestaltung von Einkaufserlebnissen, von Emotionen, Atmosphäre und zwischenmenschlicher Kommunikation in den Innenstädten und am Point of Sale kommt eine wachsende Bedeutung zu. Hierbei spielen neben dem Handelsangebot Gastronomie, Kultur sowie Service- und Veranstaltungsangebote eine wesentliche Rolle« (Stadt + Handel 2015).

- Erreichbarkeit und soziale Teilhabe sichern: Eine auf Resilienz abzielende, strategische Stadtentwicklung umfasst auch eine Verbesserung der Mobilität mit dem Ziel, barrierefreie sichere Wege- und Angebotsketten zu schaffen, die gleichzeitig auch zur physischen Bewegung bei den Alltagswegen motivieren. Soziale Teilhabe von älteren Menschen geschieht nicht nur über die Sicherung von Nahversorgung, sondern auch über soziale Infrastruktur und deren Erreichbarkeit auch für nicht-motorisierte Bevölkerungsgruppen, einschließlich der Möglichkeit, sich auf dem Weg auszuruhen oder eine öffentliche Toilette nutzen zu können. Beispielsweise bietet die »beSITZbare Stadt« Griesheim unterschiedlich gestaltete Möglichkeiten zum kürzeren und längeren Verweilen, einschließlich niedriger Mauern und Klappsitze an Hauswänden an und geht als Mittelstadt in Südhessen hier neue Wege (https://www.griesheim.de/bildung-kultur/besitzbare-stadt/).
- Bauliche Gestaltung von Mobilitätsangeboten: Dabei muss der Interessenskonflikt einer guten Erreichbarkeit insbesondere in Klein- und Mittelstädten innovativ gelöst werden. Denn eine traditionell automobil-orientierte Bevölkerung steht hier mit ihren Flächenansprüchen der Förderung von Alltagsmobilität zu Fuß oder mit dem Fahrrad gegenüber. In Klein- und Mittelstädten sind es etwa 70 % der Bevölkerung, die ihr Auto für den Arbeitsweg nutzen (Bundesstiftung Baukultur 2016, S. 40, 42). Dies gilt im Übrigen auch mit Blick auf die Restrukturierung von brachgefallenen Flächen im Rahmen der Innenentwicklung, bei denen sich einerseits eine hohe Dichte, andererseits ein Stellplatzschlüssel für Neubebauung von 1:1,5 oder gar 1:2 gegenüberstehen. Flächennutzungskonkurrenzen bestehen auch mit Blick auf die Breite von Wegen für Begleitmobilität aller Art und die Anordnung von Abstellanlagen für Fahrräder

(Lastenfahrräder, Dreiräder, Kinderanhänger), und zwar nicht nur zur Unterbringung bei privaten Wohnanlagen, sondern auch im öffentlichen Raum. Fahrradverkehr hat derzeit einen Anteil von ca. 11 %, jedoch bietet hier die Elektromobilität mit dem Pedelec eine Chance für (Nah)Mobilität (ebd.) und bedarf der entsprechenden infrastrukturellen Voraussetzungen.

- Gestaltung öffentlicher Räume: Diese haben eine zentrale Rolle für Wohlbefinden und Teilhabe. Eine Neugestaltung des öffentlichen Raums erfordert vielfach auch in Fußgängerzonen und Stadtplätzen eine Neuorganisation von Flächen und Räumen. Eine Entrümpelung von Stadtmobiliar ist ein wesentlicher Baustein für eine barrierearme und -freie Gestaltung. »Das Konzept [der Stadt Lingen] basiert auf dem Motto ›Aufräumen und neu ordnen‹. Ziel war es, eine einheitliche Fußgängerzone zu schaffen, deren einzelne Straßenzüge ihren individuellen Charakter behalten. Dabei sollte die Erneuerung der Kernstadt nicht historisierend geraten, sondern ein zeitloser Impuls zur Optimierung und Belebung innerstädtischen Lebens sein.« (o. A., 2017). Eine einheitliche Gestaltung, die auch Bodenbeläge und Beleuchtungskörper umfasst, trägt wesentlich zu einer selbsterklärenden Orientierung, insbesondere mobilitätseingeschränkter Menschen bei. Mit Blick auf Hitzetage gehören dazu auch Sonnenschutz und Möglichkeiten zum Wassertrinken an öffentlich zugänglichen Wasserstellen wie generell die Einbeziehung von Wasser als Stadtblau eine wichtige infrastrukturelle Ergänzung zum Stadtgrün wie Parks und Friedhöfe darstellt. Auch Friedhöfe als nutzbare Orte des Lebens und ihre Erreichbarkeit können Bestandteile von Kommunikationsorten in einer Stadt werden.

Abb. 3: Freiraumgestaltung mit hohem Gebrauchswert im Schlosspark in Cosefeld.
Foto: Larissa Bomkamp

- Ortsangepasste Architektur: Über den Städtebau hinaus tragen auch einzelne Gebäude/Gebäudekomplexe als Neuentwicklung von Bestand oder komplette Neubauten mit ortsangepassten architektonischen Qualitäten zur baulichen Entwicklung in den Zentren und Ortsteilen bei. Dabei muss sich die Neugestaltung nicht nur auf die Restrukturierung des baulichen Bestands beziehen. Auch neue, diesen ortspezifischen Charakter aufnehmende, aber ggf. neu interpretierende Stadtbausteine prägen die bauliche Gestaltung. So wurde 2015 für den Neubau der Kreisverwaltung Friesland am Schlossplatz in Jever ein hochbaulicher Wettbewerb entschieden, der sowohl neue gestalterische Akzente im Stadtzentrum setzen sollte als auch an bestehenden, das Stadtbild prägenden Materialien wie Klinker anknüpfte. Aber nicht nur große Verwaltungsgebäude, auch Wohngebäude als Geschossbauten oder sogar Einfamilienhäuser finden neue bauliche Ausdrucksformen, beispielsweise in einem Objekt mit neun Hofhäusern, die in den Ortskern von Mainz-Hechtsheim integriert wurden. Die Stellplätze wurden in einer Tiefgarage konzentriert und ein Hof als gemeinschaftlicher Freiraum ausgebildet. Das Projekt wurde 2008 mit dem Staatspreis von Rheinland-Pfalz ausgezeichnet (http://www.hofhaus-projekt.de/Mainz.html).

Es wird deutlich, dass innovative Nutzungskonzepte für bestehende bauliche Hüllen und die städtebauliche Gestaltung vor allem in den Zentren von Klein- und Mittelstädten eine wichtige Rolle für deren Zukunftsfähigkeit spielen. Allerdings können sich kommunale Strategien zur Reaktivierung leergefallener Bausubstanz kaum nur aus eigenem Ressourcenansatz entwickeln. Sie benötigen in der Regel Städtebauförderungsmittel, um ihre lokalen Potenziale, insbesondere baulich wertvolle Gebäudesubstanz, die auch Ausdruck eines kollektiven Gedächtnisses einer Stadtgesellschaft ist, zu heben und ein neues Profil und Image der Stadt damit zu verknüpfen.

Abb. 4: Eingefügte Neubauten in der Innenstadt in Winsen an der Luhe.
Foto: BPW baumgart+partner

4. Potenziale städtebaulicher Instrumente

Der Einsatz von Instrumenten der Städtebauförderung ist zumeist erforderlich, da die örtlichen finanziellen Ressourcen insbesondere in schrumpfenden Kommunen nicht ausreichend sind. Hier verfügen kleinere Städte über Routinen in Umgang mit raumbezogenen (baulichen) Instrumenten, während handlungsbezogene, an Akteure gerichtete Instrumente tendenziell eher in größeren Städten eingesetzt werden (Rüdiger 2009). Dennoch stellt sich häufig die Problematik einer derart engen kommunalen Haushaltslage, dass nicht einmal der kommunale Eigenanteil von mindestens 10 %, den die Verwaltungsvereinbarung zwischen Bund und Ländern (hier von 2016: https://www.brd.nrw.de/planen_bauen/staedtebaufoerderung/pdf/01Verwaltungsvereinbarung.pdf, S. 7) vorsieht, aufgebracht werden kann. Als aktuelle städtebauliche Instrumente kommen die städtebauliche Sanierung gemäß § 136 ff BauGB und der Stadtumbau gemäß § 171 BauGB des Besonderen Städtebaurechts zum Einsatz. Bei der Städtebaulichen Sanierung als zeitlich und räumlich begrenztes Sonderrecht dienen Vorbereitende Untersuchungen als Grundlage für die Festlegung des Sanierungsgebietes mit einer Sanierungssatzung, die Ziel und Zweck der Sanierung und auch die städtebauliche Planung bestimmt und festlegt. Dieses hoheitlich geprägte Vorgehen unterscheidet sich von dem auf Konsens orientierten Vorgehen beim Stadtumbau, bei dem ein städtebauliches Entwicklungskonzept Ziele und Maßnahmen zur Sicherung und Stärkung nachhaltiger städtebaulicher Strukturen definiert und mit Beschlussfassung durch den Rat der Stadt den Rahmen für planerische Entscheidungen und Schwerpunkte der Stadtpolitik und eine angestrebte aktive Mitwirkung von privater Seite festlegt. Es bildet die gesetzlich geforderte Entscheidungsgrundlage für die Förderung von Maßnahmen der Stadtentwicklung und Stadterneuerung, die gemäß § 171a BauGB erheblichen städtebaulichen Funktionsverlusten (wie beispielsweise ein dauerhaftes Überangebot an baulichen Anlagen für bestimmte Nutzungen, Anpassung an den Klimawandel) entgegenwirken sollen. Auf Grundlage eines Stadtentwicklungskonzeptes kann gemäß § 171b Abs. 2 BauGB ein Stadtumbaugebiet festgelegt werden, was beinhaltet, dass auch die Öffentlichkeit sowie die von der Planung betroffenen Behörden einzubeziehen sind. Stadtumbaumaßnahmen sollen dazu beitragen, dass die Siedlungsstruktur den Erfordernissen der Entwicklung von Bevölkerung und Wirtschaft angepasst wird. Dies umfasst die Wohn- und Arbeitsverhältnisse sowie die Verbesserung der Umwelt, die Stärkung innerstädtischer Bereiche und die Zuführung nicht mehr bedarfsgerechter baulicher Anlagen zu einer neuen Nutzung. Bauliche Anlagen, bei denen dies nicht mehr möglich ist, sollen zurückgebaut und freigelegte Flächen einer nachhaltigen, städtebaulichen Entwicklung oder einer verträglichen Zwischennutzung zugeführt werden. Innerstädtische Altbaubestände sollen erhalten bleiben. Der Stadtumbau als pro-aktives Instrument ist somit flexibler als ein an bestehenden städtebaulichen Missständen re-aktiv ansetzendes Sanierungsverfahren. Es ist gut geeignet, auch aktuelle Themen wie die Anpassung der städtebaulichen Gestalt an aktuelle Anforderungen, die sich aus Einzelhandelsentwicklung oder auch Gesundheitsförderung ergeben, in kommunale Entwicklungsstrategien aufzunehmen. Grundlage für neue Wege bei der Stadtentwicklung sind Leitbilder, die Aufbruchsstimmung in der Stadtbevölkerung durch eine diskursive Partizipation erzeugen können, indem sie Stärken und Handlungsbedarfe differenziert nach Handlungsfeldern und räumlichen Schwerpunktbereichen aufzeigen. Dabei liegen die Maßnahmen vielfach weniger in der städtebaulichen oder architektonischen Gestaltung als im Stadtmanagement und in der Neu-Organisation der gebauten Stadt mit ihrer Infrastruktur und ihren Gebäuden, die es zu unterhalten und instand zu setzen gilt, um den Gebrauchswert und die Ästhetik öffentlicher Räume zu erhöhen. Ein gutes Beispiel ist das vielerorts praktizierte Urban Gardening, dessen Leitbild »Die essbare Stadt« öffentlich nutzbare Grünflächen adressiert, so erstmalig in der kleinen Mittelstadt Andernach (ca. 30000 Einwohner), inzwischen aber auch in Großstädten diskutiert, wie in München oder Bremen. Hier fungierten Klein- und Mittelstädte als Impulsgeber für Stadtentwicklung.

Wie bereits deutlich wurde, können die städtischen Grün- und Freiräume für die Entwicklung neuer Raum- und Stadtbilder eine entscheidende Ressource bilden und strategische Bausteine definieren. So wurden mit dem sog. Perspektivplan für Freiburg unterschiedliche Denkrichtungen formuliert und visualisiert: »Bei den drei Denkrichtungen geht es darum, durch kontextuelle Vernetzung von Räumen in verschiedene Richtungen ›Zukünfte‹ und Potenzialräume zu identifizieren. Mit dem Ansatz, die Stadt vom Freiraum her zu denken, ist keine Priorisierung intendiert; es soll vielmehr sichergestellt werden, dass die Strukturentwürfe an den Qualitäten des Stadt- und Landschaftsraumes ansetzen. So entwickelt die Denkrichtung ›Starke Verbindungen‹ entlang linearer Gewässer- und übergeordneter Verkehrsinfrastrukturen verdichtete stadträumliche Strukturen. Die Denkrichtung ›Identitätsstiftende Parks‹ sieht an neuen und qualifizierten Parks und um sie herum verdichtete Stadtstrukturen vor. Und die Denkrichtung ›Geliebte Ränder‹ lässt an den äußeren und inneren Rändern der Stadt in enger Verflechtung mit den angrenzenden Räumen neue Frei- und Wohnräume entstehen.« (Liesen; von Detten 2016: 34) Die Ausgangslage mit Blick auf Grün- und Freiräume in Klein- und Mittelstädten als Voraussetzung für eine neue städtebauliche Gestaltung ist nicht schlecht, betrachtet man beispielsweise die Grünausstattung, die ein wichtiger Indikator für Stadtqualitäten ist. In größeren Kleinstädten stehen jedem Einwohner durchschnittlich 56 qm, in kleineren Kleinstädten 71 qm Grünfläche zur Verfügung (zum Vergleich: in Großstädten sind es 46 qm je Einwohner) (Vgl. Dosch; Neubauer 2016). Aufgelockerte Bauweisen und geringere Dichten als in Großstädten verweisen auf diese Qualitäten.

Die Gestaltung von Stadträumen und ihrer Bauten bedarf auch in Klein- und Mittelstädten einer von Wertschätzung ihrer historischen und aktuellen Schichten der Entwicklung geprägten Grundhaltung der Stadtbevölkerung und der Stadtpolitik. Diese sind die Voraussetzung, die spezifischen Tugenden der Klein- und Mittelstadt sowohl für heute als auch für morgen hervorzukehren. Denn diese Stadtgröße bietet gleichzeitig Ruhe und Bewegung, Sicherheit und Muße.

Abb. 5: Attraktives Wohnen in der Innenstadt in Winsen an der Luhe. Foto: BPW baumgart+partner

Für viele Menschen ist hier ein guter Platz, der Gemeinschaft vermittelt. Dazu tragen die bauliche Gestaltung der Gebäude und des freiräumlichen Umfelds sowie die gute Erreichbarkeit der landschaftlichen Umgebung bei.

Ein starker Fokus gestalterischer Qualität auf den Stadtkern wird, wie in Fallbeispielen von Werring analysiert, »durch die Kommunalplanung und -politik in Form der Definition und Steuerung von Ansprüchen, z.B. durch entsprechenden Instrumenteneinsatz, gefördert. Dem gegenüber steht der Stadtrand, hier verstanden als individuelles Wohn- und Lebensumfeld, mit dem der Anspruch gestalterischer Individualität und größtmöglicher Freiheit [...] einhergeht« (Werring 2016, S. 253). Daraus leitet Werring drei strategische Positionierungen von Mittelstädten ab: funktionale Stärkung und Ergänzung lokaler Strukturen, Qualifizierung städtebaulicher Strukturen und Positionierung von Umnutzungsprojekten als räumliche und thematische Priorisierung von Stadtentwicklung.

Der Achtlosigkeit und Gewohnheit und oftmals fehlende Ressort-Abstimmung, aber auch fehlende Beteiligung der Öffentlichkeit, die zu Mängeln bei der Akzeptanz und Umsetzung führen, sind mehr denn je neue Wege bei den Verfahren entgegenzusetzen. Für eine qualitativ hochwertige (städte)bauliche Gestaltung ist auch Verfahrenskultur in der Planung ein Teil von Baukultur. Inzwischen haben sich in vielen Städten interdisziplinär besetzte Gestaltungsbeiräte, die die Stadtpolitik und -verwaltung unabhängig und transparent beraten, etabliert. Auffällig ist, dass es in Niedersachsen im Vergleich zu anderen Bundesländern deutlich weniger Gestaltungs- oder Baukunstbeiräte gibt, auch in mobiler oder temporärer Form (Bundestiftung Baukultur 2016, S. 113). Angesichts der gering differenzierten querschnittsorientierten Verwaltungsstruktur und einer oftmals bestehenden Nähe von Planungsverwaltung und Stadtpolitik sind Mittelstädte durch unterschiedliche Ausgangspositionen und den Einsatz von spezifischen Planungsstrategien und der darin entwickelten Leitbilder definiert (Kühn, Fischer 2010, S. 169). Daraus erwachsen Chancen, aber auch Grenzen der eigenen zukunftsorientierten Positionierungsmöglichkeiten zwischen wissenschaftlicher Expertise und alltäglichem Erfahrungshandeln vor Ort.

5. Fazit

Die räumliche Entwicklung von Städten resultiert nicht nur aus ihrer wirtschaftsstrukturellen und sozioökonomischen Entwicklung, sondern auch aus einem Zusammenspiel ihrer Lage und Funktion, ihrer Umgebung und den topografischen Gegebenheiten. Sie ist der gebaute Ausdruck der gesellschaftlichen Realität in einer räumlichen Form. Jeder Stadttyp hat sich mit den Problemen zu seiner Zeit auseinanderzusetzen. War es im Mittelalter die mangelnde Hygiene, sind es heute die notwendige Anpassung der Stadtmorphologie an Bevölkerungsveränderungen und ihre unterschiedlichen Bedürfnisse und segmentierte Nachfrage nach Wohn- und Arbeitsräumen sowie die damit verbundenen Anforderungen an Mobilität. Angesichts von Nutzungszyklen der Gebäude gilt es, auch mit Blick auf neueste technische Errungenschaften, Identifikation der Bevölkerung und Geschichte im Orts- und Stadtbild zu bewahren, um gesellschaftliche und räumliche Schichten sichtbar zu überlagern.

Die Instrumentierung hält Stellschrauben für Planung und Umsetzung bereit, indem räumliche Hot Spots für Handlungsbedarf vor Ort identifiziert und thematisch gekoppelt mit aktuellen Planungserfordernissen adressiert werden sollten. Dabei definiert die vor Ort bestehende Organisationsstruktur mit ihrer Ressortzuordnung die jeweiligen Perspektiven und Aufgaben. Zu benennende Schlüsselakteure im Rahmen einer verwaltungsinternen Vernetzung unterstützen politische Akzeptanz und zivilgesellschaftliches Engagement für Bau- und Planungskultur und bilden strategische Ressourcen ebenso wie Bündnispartner und Finanzmittel der aktuellen Förderlandschaft von EU, Bund und Ländern. Diese zielt derzeit vor allem auf Infrastruktur, Energieeffizienz und Erneuerbare Energien, aber auch auf Städtebau und Stadterneuerung (Bundesstiftung Baukultur 2016, S. 57). Ein besonderes Augenmerk wird von Seiten der Wirtschaftsförderung auf den zunehmenden Online-Handel gelegt. Aber auch das Stadtmarketing muss standortspezifische Probleme erkennen. Darauf ist zu reagieren, indem der lokale Handel, auch bei Digitalisierungsstrategien, unterstützt wird (Beckmann, Hangebruch 2016).

Die Leipzig Charta von 2007 orientiert sich auf »das Leitbild der europäische[n] Stadt mit ihrer kulturellen Identität der Stadtbevölkerung« (BMUB 2017: 06) und »die Vitalität der Zentren« (ebd.). Für die städtebauliche Gestaltung von Klein- und Mittelstädten bedeutet dies, sich nicht nur auf die Verwaltung und die Abwehr negativer Prozesse zu beschränken, sondern pro-aktive Strategien zu entwickeln. Die Stadtstruktur mit Blick auf Funktionen und Dichte sowie das Stadtbild sind kritisch zu analysieren und zu bewerten und Prozesse der Politikberatung und Einbeziehung der Zivilgesellschaft anzustoßen.

»Der Nutzungswandel vor allem in historischen Ortskernen (drohender Leerstand) und entlang der prägenden Einfallstraßen (Verfremdung durch Märkte, Autohäuser etc. mit unzureichender Gestaltung des öffentlichen Raumes) muss rechtzeitig erkannt werden und durch individuelle, der jeweiligen Situation angepasste Gestaltkonzepte entgegengewirkt werden.« (Akademie für Raumforschung und Landesplanung 2009)

Literatur

Akademie für Raumforschung und Landesplanung: Fünf Thesen zur Entwicklung der ländlichen Räume in Nordrhein-Westfalen, Positionspapier Nr. 80, Hannover 2009 https://shop.arl-net.de/media/direct/pdf/pospaper_80.pdf.

Baumgart, S.; Rüdiger, A.: Klein- und Mittelstädte. In: Planen Bauen Umwelt Berlin 2010.

Baumgart, S.; Hangebruch, N.; Holtermann, L.; Krajewski, C.; Mensing, M; Neiberger, C; Osterhage, F.; Texier-Ast, V.; Wiegandt, C.; Zehner, K.; Zucknik, B.: Determinanten des Online-Einkaufs – eine empirische Studie in sechs nordrhein-westfälischen Stadtregionen In: Raumforschung und Raumordnung, Hannover, im Erscheinen).

BBSR – Bundesinstitut für Bau-, Stadt- und Raumforschung im Bundesamt für Bauwesen und Raumordnung (BBR). URL: http://www.bbsr.bund.de/BBSR/DE/Raumbeobachtung/Raumabgrenzungen/wachsend-schrumpfend-gemeinden/dl-karte-ws.pdf;jsessionid=170DDCD973C-255216FE45ABEDD2C85F4.live21304?__blob=publicationFile&v=12,Zugriff am 18.08.2017.

BBSR – Bundesinstitut für Bau-, Stadt- und Raumforschung im Bundesamt für Bauwesen und Raumordnung (BBR) (2015): Wachsende und schrumpfende Gemeinden in Deutschland. URL: http://www.bbsr.bund.de, Zugriff am 19.08.2017.

Beckmann R.; Hangebruch, N.: Lokale Online-Marktplätze: ein Ansatz zur Vernetzung von Fußgängerzone und Innenstadt. In: Forum Wohnen und Stadtentwicklung. Heft 1/2016. Berlin 2016, S. 7–12.

BMUB Bundesministerium für Umwelt, Naturschutz, Bau und Reaktorsicherheit (Hrsg.): Aktive Stadt- und Ortsteilzentren. Berlin 2017.

Bundesstiftung Baukultur: Baukulturbericht Stadt und Land 2016/17, Potsdam 2016.

Dosch, F.; Neubauer, U.: Kennwerte für grüne Infrastruktur. In: Informationskreis für Raumplanung (Hrsg.): RaumPlanung, Vol. 185, Heft 3, Dortmund, 2016, S. 9–15.

Gatzweiler, H.-P.: Klein- und Mittelstädte in Deutschland – eine Bestandsaufnahme. Bundesamt für Bau-, Stadt- und Raumforschung (Hrsg.) 2012) Stuttgart, Steiner-Verlag.

Handelsstandorte verändern kann. In: Stadt + Handel (Hrsg.) Newsletter#14. Dortmund 2015. S. 5f.

Kühn, M.; Fischer, S. (2010): Strategische Stadtplanung. Strategiebildung in schrumpfenden Städten aus planungs- und politikwissenschaftlicher Perspektive, Detmold 2010.

Liesen, M.; von Detten, B.: Qualität im Gefüge der Stadt. In: Informationskreis für Raumplanung (Hrsg.) RaumPlanung 185, 3/2016, 30–35. Dortmund 2016.

Mensing, K.: Die Bedeutung des Onlinehandels für den ländlichen Raum – Ergebnisse und Handlungsansätze aus Fallstudien in Klein- und Mittelstädten. In: Franz, M., Gersch, Inka: Online-Handel ist Wandel, Mannheim 2016.

Mensing, K.; Hauschild, A.; Lammers, E. et. al.: Stärkung der Innenstädte und Ortskerne. Initiativen und Instrumente aus der Praxis für die Praxis. Arbeitshilfe für Kommunen der LAG Nordwest der Akademie für Raumforschung und Landesplanung ARL, Hannover 2014.

o.A.: Bürger sitzen in den Straßencafés. In: STADT und RAUM 2/2017, 80-81, Winsen/Luhe 2017.

Overhageböck, Nina (2009): Öffentliche Räume unter Schrumpfungsbedingungen. Online-Publikation URN: urn:nbn:de:hbz:82-opus-28077, URL: http://publications.rwth-aachen.de/record/51119/files/Overhageboeck_Nina.pdf.

Piegsa, G.; Walther, I.: Kontrolliertes Schrumpfen. In: Architektenblatt 04/2016, S. 18-19, Düsseldorf: planet c 2016.

Rüdiger, Andrea: Der Alltäglichkeit auf der Spur: Der Alltäglichkeit auf der Spur: Die Rolle der Stadtgröße für die räumliche Planung. Verlag Dr. Kovac Hamburg 2009.

Stadt + Handel (Hg.): Warenkorb statt Einkaufswagen. Wie der Vertriebsformenwandel

Tagesspiegel v. 26.08.2016. URL: http://www.tagesspiegel.de/wirtschaft/leerstaende-handelsexperte-sieht-50-000-geschaefte-durchs-internet-gefaehrdet/14459018.html, Zugriff am 16.08.2017.

Werring, J. 2016: Baukultur bei Umnutzungsprojekten in schrumpfenden Mittelstädten – Potenzial für Stadtgestalt und Stadtentwicklung.
URL: https://repositorium.uni-muenster.de/document/miami/8ebea36c-3fb3-4742-a3a6-5154d82a58ec/diss_werring.pdf

Westermeier, C.; Grabka, M. M.: Zunehmende Polarisierung der Immobilienpreise in Deutschland bis 2030. In: DIW Berlin – Deutsches Institut für Wirtschaftsforschung e. V. Wochenbericht Nr. 23. 08. Juni 2017, S. 451–459.

Gerade der ländliche Raum braucht Zentren

Heiger Scholz, Staatssekretär im Niedersächsischen Ministerium für Soziales, Gesundheit und Gleichstellung; vormals Hauptgeschäftsführer des Niedersächsischen Städtetages e.V.

© **Niedersächsischer Städtetag e.V.**

»Zur Zukunft des ländlichen Raumes in Niedersachsen« gibt es eine große Anfrage der FDP-Landtagsfraktion. Die Landesregierung hat sie im Herbst 2014 in der Landtagsdrucksache 17-2430 beantwortet – mit 204 Seiten Text und weiteren 1850 Seiten Anlagen und Tabellen.

Wenn man wissen will, was »ländlicher Raum« eigentlich ist, findet man auf diesen 2000 Seiten jedoch keine Antwort, denn die Landesregierung schreibt selbst, dass sie in unterschiedlichen Zusammenhängen vier verschiedene Definitionen von »ländlichem Raum« verwendet; teilweise gehören dann auch Ballungsgebiete um die Landeshauptstadt herum zum »ländlichen Raum« – Garbsen etwa oder Langenhagen und Laatzen, die mit Hannover längst zu einem optisch nicht mehr getrennten Großstadtraum zusammengewachsen sind, auch wenn die Städte natürlich eigenständig sind. Ländlicher Raum – da stelle ich mir eigentlich Dorf und Landwirtschaft vor und nicht urbanes Leben mit Stadtbahnanschluss.

Das genau ist das begriffliche Problem: Was beschreibt der ländliche Raum eigentlich, wie grenzt man ihn ab – und vor allem wovon? Ist Emden mit seinen 50 000 Einwohnern Metropole, weil es eine kreisfreie Stadt ist, Hildesheim mit 100 000 Einwohnern aber Teil des ländlichen Raums, weil die Stadt zu einem Kreis gehört?

Niedersachsen ist ganz überwiegend ein Land kleiner und mittlerer Städte. Nur etwa 50 von den gut 400 Einheits- und Samtgemeinden haben mehr als 30 000 Einwohner und mit Ausnahme der Ballungsräume um Braunschweig, Bremen, Hamburg, Hannover und Osnabrück sind auch die größeren Städte eben Zentren in der Fläche. Die Fläche ist unterschiedlich dicht besiedelt: Liegt der Durchschnitt der Einwohnerdichte in Niedersachsen bei 166 Menschen/km², so schwankt er in zwischen 49 Ew/km² und

64 Ew/km² in Lüchow-Dannenberg und dem Landkreis Uelzen auf der einen Seite und 231 Ew/km² und 247 Ew/km² in Schaumburg und dem Landkreis Peine auf der anderen Seite. Die Region Hannover mit 500 Ew/km² sei hier außen vor gelassen, obwohl auch sie natürlich z. B. im Norden von Neustadt/Rbge. ziemlich ländlich wirkt.

Gerade in eher dünnbesiedelten Landkreisen sichern die Zentren die Versorgung der Menschen mit Waren und mit öffentlichen Dienstleistungen. Gerade in Lüchow-Dannenberg, im Heidekreis, im Solling sowie in den Landkreisen Cuxhaven, Rotenburg und Uelzen sind die Menschen darauf angewiesen, dass Grund- und Mittelzentren eben wirklich Zentren sind. Ich bin der festen Überzeugung, dass gerade dort, wo wenig Menschen leben, künftig Ärzte und Apotheken oder Supermärkte mit Post und Bäcker dicht beieinander liegen und sich auf diese Weise gegenseitig stützen. Die Alternative wäre wohl, dass es sie vor Ort sonst gar nicht mehr gibt, denn niemand wird von Dorf zu Dorf fahren, um hier ein Rezept zu holen, dort Brot zu kaufen und in einem dritten Ort das Rezept einzulösen, um dann zum Supermarkt im nächsten Nachbarort weiterzufahren. Dann könnte man auch direkt eine weitere Fahrt in die Kreisstadt in Kauf nehmen, wo alles auf einem Weg liegt. In der Region Hannover funktionieren die Zentren anders. Dort ist das System von Grund- und Mittelzentren rund um das Oberzentrum eher eine Farce, weil starke Mittelzentren direkt neben einander liegen. In den dünn besiedelten Landkreisen muss jedoch die Raumordnung dafür sorgen, dass Anlaufstellen für die öffentliche und private Daseinsvorsorge so gebündelt werden, dass sie sich gegenseitig stützen.

Zentralörtliche Systeme sind für ihre Ordnungsfunktion nicht besonders beliebt. Es kann aber auch nicht in allen Ortschaft alles geben – vom Bäcker bis zum Zahnarzt. Eine realistische Alternative sind neue Zentren außerhalb der Städte und Dörfer. Wenn wir die Lebensfähigkeit der zentralen Orte, und dazu gehören auch schon die Grundzentren, nicht sichern können, werden sich Geschäfte auf Dauer vermehrt an den Kreuzungen von Bundesstraßen außerhalb der Ortschaften ansiedeln, sodass dort dann wiederum neue Zentren entstehen. Ansätze dafür gibt es in den politischen Diskussionen auf Landesebene bereits. Diese Zentren könnten aber zur Folge haben, dass Ortskerne und in der Folge auch Stadtkerne weiter veröden.

Die kleinen Ober- und großen Mittelzentren wird das nicht bedrohen. Doch was ist mit Lüchow und Wittingen, mit Quakenbrück und Sulingen? Die flächendeckende Versorgung kann nur in den großen Flecken und kleinen Städten gesichert werden, und darum brauchen wir eher mehr als weniger Zentralörtlichkeit. Dieser Ansatz erfreut sich allerdings noch keiner großen Beliebtheit, zumal die Grenzen der Entwicklung und ihre Anforderungen noch nicht klar definiert wurden. Er wird ein anstrengender Entwicklungsprozess – aber er ist notwendig.

Kleinstadtgeschichten 2030 – Das normative, narrative Szenario als Methode der Kleinstadtplanung

Zwischenbilanz zum ExWoSt-Forschungsfeld »Potenziale von Kleinstädten in peripheren Lagen«

Jens Hoffmann, Peter Dehne

Deutschland ist ein Land der Kleinstädte. Ihr Anteil an allen Städten und Gemeinden beträgt 58 %. Ein Drittel der Bevölkerung lebt in Kleinstädten. Früher waren Kleinstädte vor allem Dienstleistungsstandort für ihr zumeist agrarisches Umland. Diese direkte Verbindung zu ihrem unmittelbaren Umland ist heute deutlich schwächer geworden. Mobilität, Veränderungen von Handel und Logistik, neue Arbeitswelten und eine verstärkte Wertschätzung großstädtischer Lebensformen wirken sich auf Attraktivität und Entwicklung der kleinen Städte aus. Dabei spielt die Lage eine besondere Rolle.

1. Acht Kleinstädte auf dem Weg in die Zukunft

Vor allem Kleinstädte abseits der großen Zentren verlieren seit den 1990er Jahren Einwohner und stehen vor der Aufgabe, Infrastrukturen und Versorgung aufrechtzuhalten, umzubauen und sich auf eine älter werdende Bevölkerung einzustellen. Schrumpfung und Alterung schlagen sich zudem in den Kommunalfinanzen nieder und verringern die Möglichkeiten der Stadtpolitik, auf die komplexen Herausforderungen zu reagieren. Lange Zeit wurden dabei neue Arbeitsplätze als Schlüssel für die Stabilisierung und Entwicklung gesehen. Die Zahlen zeigen jedoch, dass dies nicht immer zutrifft. Obwohl die kleinen Städte zwischen 2008 und 2013 einen Zuwachs an Beschäftigten zu verzeichnen haben, sinkt die Bevölkerungszahl weiterhin. Vor allem junge Menschen ziehen weg, um zu studieren. Gleichzeitig haben die Städte mit einem guten Arbeitsplatzangebot verhältnismäßig hohe Einpendlerzahlen. Die Situation von Kleinstädten in peripheren Lagen ist also komplex, vielschichtig und unterschiedlich. Allgemeine Lösungen lassen sich angesichts dieser Komplexität bisher nur schwer ausmachen. Eines wird jedoch in allen Untersuchungen, auch in denen der jüngeren Zeit, sowie in einer Vielzahl von dokumentierten Fallbeispielen deutlich: Als zukünftiger Entwicklungspfad wird weitgehend auf die Stärkung der Eigenkräfte verwiesen. Externen Faktoren kommt nach übergreifender Meinung zukünftig nur eine geringe Bedeutung für die Kleinstadtentwicklung in peripherer Lage zu. Eher geht es darum, eigene, lokale Potenziale gezielt zu identifizieren und zu nutzen, um den Wandel frühzeitig zu gestalten. Dies bedarf eines gemeinschaftlichen Diskurses von Politik, Verwaltung, Bürgerschaft und Wirtschaft, damit eine Zukunftsvision entwickelt werden und nachhaltig wirken kann. Kleinstadtentwicklung wird so zur Gemeinschaftsaufgabe.

Hier setzt das Forschungsfeld im Experimentellen Wohnungs- und Städtebau (ExWoSt) »Potenziale von Kleinstädten in peripheren Lagen« des Bundes an (Laufzeit Dezember 2015 bis September 2018). Es bietet acht ausgewählten Modellvorhaben einen methodischen und organisatorischen Rahmen für die Suche nach neuen Potenzialen und Zukunftswegen. Mithilfe von Szenarioprozessen und »JugendBarCamps« werden sie in die Lage versetzt, einen kooperativen Prozess zu initiieren und umzusetzen. Darüber hinaus haben sie die Möglichkeit, die dabei gemachten Erfahrungen im Netzwerk mit den anderen beteiligten Modellvorhaben zu reflektieren und für den eigenen Prozess wertvolle Impulse und Ideen zu gewinnen. Acht Modellvorhaben wurden hierfür im Frühjahr 2015 in einem bundesweiten Wettbewerb ausgewählt: Bad Lobenstein (Thüringen), Beverungen (Nordrhein-Westfalen), Großschönau (Sachsen), Kastellaun (Rheinland-Pfalz), Malente (Schleswig-Holstein), Mücheln (Sachsen-Anhalt), Rodewisch (Sachsen) und Zell am Harmersbach (Baden-Württemberg). Sie werden begleitet von einer Forschungsassistenz (Hochschule Neubrandenburg).

Im Sommer 2017 waren die »JugendBarCamps« in den Modellvorhaben abgeschlossen und erste Ergebnisse bereits umgesetzt. Die Szenarioprozesse stehen kurz vor dem Abschluss. Weitere, ergänzende Beteiligungs-, Planungs- und Umsetzungsaktivitäten lokaler Projektagenturen dienen dazu, die Ideen aus dem Szenarioprozess und den »BarCamps« in die breitere Öffentlichkeit der Kleinstadt zu tragen, durch weitere Ideen zu ergänzen und durch gezielte Projektentwicklung auf die Umsetzung erster Schlüsselaktivitäten hinzuarbeiten. In einigen Modellvorhaben werden die Ideen in einem Handlungskonzept für die Stadtentwicklung gebündelt. Vor Ort sind so zahlreiche Ideen entstanden, die nun verdichtet, weiterentwickelt und in Projekte überführt werden müssen. Ein erstes Ergebnis sind Zukunftsbilder in Form eines normativ-narrativen Szenarios, einer quasi-literarischen Geschichte über die Zukunft der jeweiligen Kleinstadt im Jahr 2030.

2. Szenarioprozesse – Die gemeinsame Suche nach einem Zukunftsbild

Als Szenario wird die Darstellung einer möglichen zukünftigen Situation, eines Zukunftsbildes verstanden, das Ausgangspunkt von Veränderungen und notwendigen Neubestimmungen der weiteren Entwicklung ist. (Schulz-Montag; Müller-Stoffels 2006, S. 381; Kosow; Gaßner 2008, S. 10) Diese Zukunftsbilder werden in den Modellvorhaben von sogenannten Szenariogruppen erarbeitet, die einen breiten, repräsentativen Kreis von 15–25 lokalen Akteuren umfassen. Ein großer Teil der Mitglieder der Szenariogruppen hat in Bezug auf das Thema Stadtentwicklung kaum Erfahrungen. Entsprechend ist der Szenarioprozess auch kein strategischer, explorativer Expertenprozess, sondern hat den Charakter einer offenen und transparenten Form der Akteurs- und Bürgerbeteiligung. Für die Ausgestaltung der Szenarioprozesse in den Modellvorhaben wurden daher folgende Annahmen zugrunde gelegt:

- Die Methode muss vor Ort von den Mitgliedern der Szenariogruppen akzeptiert werden.
- Die Methode muss zum einen ein ganzheitliches Bild zur Entwicklung der Stadt entstehen lassen. Zum anderen muss sie einen phantasievollen Gedankensprung in die Zukunft ermöglichen.
- Das entstehende Szenario bzw. Zukunftsbild muss geeignet sein, die Ergebnisse und Ideen der Szenariowerkstätten verständlich nach außen zu vermitteln und den Beteiligten Orientierung für ihr Handeln zu geben.

Als Methode wurde vor diesem Hintergrund der Szenarioprozess auf normative und narrative Szenarios ausgerichtet. Bei normativen Szenarien werden positive Zukunftsbilder entwickelt. Normativ bedeutet, dass sie Wünsche und Visionen beschreiben. Narrativ bedeutet, dass die Szenarien quasi-literarisch gestaltet werden, dass eine Geschichte erzählt wird, die geeignet ist, Emotionen der Beteiligten in den Planungsprozess als Katalysator einfließen zu lassen und anhand kleiner Erzählungen über Personen, Orte und Handlungen gut einen Bezug zur Umsetzung herzustellen. Die Entwicklung des Szenarios dient der Beteiligung, also explizit kommunikativen Zwecken in einem kooperativen Prozess.

Die Szenarioprozesse in den Modellvorhaben gliedern sich anhand einer Abfolge von vier Szenariowerkstätten. Aktuell (August 2017) steht die Erarbeitung der Zukunftsbilder kurz vor ihrem Abschluss.

Phase I – Szenariofeldbestimmung, Februar bis April 2016

Die erste Szenariowerkstatt in den Modellvorhaben diente als Einstieg in den Szenarioprozess. Die Szenariogruppen wurden konstituiert und das sogenannte Szenariofeld (die übergeordnete Fragestellung, der Bezugsraum, der Zeithorizont) bestimmt.

Die ersten Diskussionen in den Gruppen zeigten, wie vielfältig die Ausgangssituation in den Modellvorhaben ist. Entsprechend breit stellt sich auch das Spektrum der Einschätzungen bzw. Intentionen in Bezug auf die allgemeine Entwicklung der Kommunen dar. Hier beispielhafte Nennungen:
- Die Stadt liegt im Dornröschenschlaf, stagniert und braucht neue Impulse.
- Wir wollen an unsere Glanzzeiten anschließen. Dazu müssen wir aber erst einmal die eigenen Potenziale erkennen, um eine attraktive, lebendige Kleinstadt zu entwickeln.
- Bisherige Entwicklungen sollen weiter erfolgreich fortgeführt werden, die Stadt soll lebenswert bleiben. Dabei wollen wir uns treu bleiben – dies jedoch nicht ohne Berücksichtigung zukünftiger Herausforderungen. Wir wollen gut in die Zukunft kommen.
- Wir wollen Tradition und Zukunft verbinden, um Stillstand zu vermeiden und die Stadt vom jetzigen guten Stand aus strategisch weiterzuentwickeln.

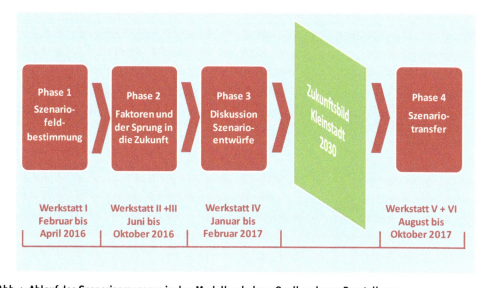

Abb. 1: Ablauf des Szenarioprozesses in den Modellvorhaben. Quelle: eigene Darstellung

Phase 2 – Entwicklungs- und Schlüsselfaktoren sowie der gedankliche Sprung in die Zukunft, Juni bis Oktober 2016

Im Mittelpunkt der zweiten Szenariowerkstatt standen folgende Ziele: eine strukturierte Auseinandersetzung mit den Einflussfaktoren der Stadtentwicklung, die Bestimmung der Schlüsselfaktoren und -bereiche für die zukünftige Entwicklung sowie die Erarbeitung von Zukunftsüberschriften als Grundlage für das Zukunftsbild. Die große Herausforderung war dabei, einerseits die Teilnehmenden bei ihren Vorstellungen und Gedanken über ihre Stadt abzuholen und andererseits sie zu öffnen für den »Sprung in die Zukunft«. Methodisch wurde wie folgt vorgegangen: Ausgehend von der Leitfrage »Was beeinflusst die Zukunft von …?« benannten die Mitglieder der Szenariogruppe in einem ersten Arbeitsschritt fünf aus ihrer Sicht wichtige Einflussfaktoren. Dabei konnte es sich sowohl um exogene als auch endogene Faktoren handeln. Die genannten Einflussfaktoren wurden von der Moderation in einem überschaubaren Gesamtbild festgehalten und thematisch strukturiert. Diese große Mindmap mit einer Vielzahl von Einflussfaktoren, einer großen inhaltlichen Breite und die anschießende Identifikation von Schlüsselfaktoren haben wesentlich dazu beigetragen, in den Szenariogruppen ein gemeinsames Verständnis der Entwicklung ihrer Kleinstadt zu generieren und die Grundlagen für die nächsten methodischen Schritte zu legen.

Auf die Auseinandersetzung mit der Gegenwart folgte im nächsten Arbeitsschritt der gedankliche Sprung in die Zukunft. »Wie soll meine Stadt in 15 Jahren aussehen? Was für Ideen und Wünsche gibt es für die Zukunft?« Die Mitglieder der Szenariogruppe mussten sich hierfür überlegen, welche Überschrift im Jahr 2030 über ihre Stadt in der örtlichen Presse zu lesen ist bzw. sein sollte. Rückblickend kann festgestellt werden, dass die Arbeit mit »Future Headlines« sehr wirkungsvoll war. Im Vergleich zu klassischen Herangehensweisen, die ausgehend von Bestandserfassung und Analyse eine Diskussion um normative Vorgaben wie Leitbilder und Ziele eröffnen, dient die Kreativtechnik gerade in einem partizipativen Prozess als »Kopföffner«. Theoretische und methodische Hemmnisse und Sperren können durch die Nutzung des Formats Zeitungsüberschrift außen vor bleiben. Auf diesem Weg ist ein Pool von Ideen entstanden, die geeignete Grundlagen für narrative Zukunftsbilder sind.

Abb. 2: Beispiele für Zukunftsüberschriften. Quelle: eigene Darstellung

Phase 3 – Diskussion von Szenarioentwürfen, Januar bis Februar 2017

Auf Grundlage der Zukunftsüberschriften wurden dann von der Moderation bzw. Forschungsassistenz sogenannte Szenario-Exposés erstellt. Szenario-Exposés sind erste Entwürfe der Zukunftsbilder in Form einer einseitigen Skizze, in der handelnde Personen, wichtige Orte, Stimmungen und vor allem die darzustellenden Ideen und 2030 realisierte Projekte umrissen bzw. aufgezählt werden. Die Szenario-Exposés wurden in der folgenden Szenariowerkstatt in kleinen Gruppen diskutiert. Dabei ging es insbesondere darum, eine Rückkopplung aus der Gruppe zu erhalten und notwendige Änderungen, Ergänzungen usw. zu erfassen. Die Ergebnisse waren dann Grundlage für die eigentlichen ausformulierten Szenarios, die Zukunftsgeschichten 2030.

Den Mitgliedern der Szenariowerkstatt wurde auch ein Alternativszenario vorgestellt, das auf der negativen Entwicklung wesentlicher Schlüsselfaktoren beruht. Ziel war es, alternative Handlungsoptionen im Verhältnis zum bis dato entwickelten positiven Wunschszenario zu diskutieren. Die Suche nach einem »Plan B« erwies sich letztlich als sehr anspruchsvolle Aufgabe. Sie führte in vielen Fällen entweder zu einer kritischen Überprüfung der bisherigen Zukunftsideen oder zu einer breiten Diskussion von Alternativen.

Phase 4 – Szenariorezeption und Szenariotransfer, August bis November 2017

Ziele der letzten zweitägigen Szenariowerkstatt waren: einen abschließenden Konsens zum Szenario in der Gruppe herzustellen, das Szenario mit den begleitenden Handlungskonzepten abzugleichen und die Hauptideen des Szenarios in konkrete Handlungsaufträge und Verantwortlichkeiten vor Ort zu überführen. Die Forschungsassistenz fasste hierzu die Diskussionen und Ideen des zurückliegenden Szenario- und Beteiligungsprozesses in einer vierseitigen Story zusammen, dem Zukunftsbild der Szenariogruppe (normativ-narratives Szenario). Dabei geht es darum, einerseits eine wünschenswerte Atmosphäre der Kleinstadt zu vermitteln und andererseits die gewünschten Projekte und Maßnahmen möglichst erlebbar zu machen. In der Geschichte enthaltene Ideen für Handlungsansätze werden jeweils durch Projektbeispiele untersetzt, die bereits anderenorts realisiert wurden und so Anhaltspunkte für die weitere Projektentwicklung bieten. Darüber hinaus wurden die Geschichten von professionellen Zeichnerinnen und Zeichnern in einem Plakat visualisiert.

Das Szenario in Form der Geschichte wurde zu Beginn der Werkstatt an einem prägnanten Ort vorgelesen (z. B. in Malente und Beverungen von der Bürgermeisterin bzw. dem Bürgermeister). Es schloss sich eine

Jens Hoffmann, Peter Dehne

Abb. 3: Visualisierung des Szenarios Modellvorhaben Beverungen 2030. Quelle: Titus Ackermann im Auftrag der HS NB

Diskussion und Bewertung bezüglich der mit dem Szenario vermittelten Atmosphäre und Inhalte an. Im Szenario enthaltene Handlungsfelder und Leitprojekte wurden nachfolgend mit denen des in vielen Fällen parallel entstandenen Handlungskonzepts abgeglichen. Hier zeigte sich, dass der offene, kreative Charakter der Szenariowerkstatt wertvolle Impulse für die Erarbeitung herkömmlicher Konzepte gebracht hat. Die letzte Phase der Werkstatt war der Identifikation von kleinen Projekten gewidmet, die wichtig für das Szenario, schnell realisierbar und bereits mit Verantwortlichkeiten verbunden sind. Durch die Umsetzung dieser Projekte können im Gesamtprozess neben der Arbeit an mittel- bis langfristig zu realisierenden Leitprojekten erste sichtbare Ergebnisse vermittelt werden, was wichtig für den weiteren Verlauf des Prozesses und seine Vermittlung in die Kleinstadt hinein ist.

3. Zukunftsthemen der Kleinstadtentwicklung

Worum ging es nun in den Szenarioprozessen der Modellvorhaben? In den bisher durchgeführten Szenariophasen zeichnen sich Kontinuitäten bezüglich der Relevanz von Inhalten ab. Es gibt Themen, die sich schon zum jetzigen Zeitpunkt aus Sicht der Modellvorhaben als besonders wichtig für die weitere Entwicklung erweisen.

Wohnen, Lebensqualität und Lebensgefühl

Das Thema Wohnen spielt in den meisten Modellvorhaben eine große Rolle. Kleinstadt wird hier auch als mögliches Gegenmodell zum Leben in den großen Städten verstanden. Gezielt wird dabei zum Teil auf Zuzugsstrategien gesetzt, die eine aktive Anwerbung, Beratung und Betreuung von neuen Einwohnern und Heimkehrern zum Inhalt haben. Auffällig ist, dass im Bereich Wohnen die Ideen oft schon ganz konkret verortet werden können. Dies ist entweder ein Ergebnis bestehender stadtplanerischer Ansätze oder auch von Diskussionen in der Szenariogruppe. Wohnen wird in den Modellvorhaben in einer großen Breite diskutiert, zum einen was den Bezug zu möglichen Zielgruppen angeht (Alte, Familien, Junge, Mehrgenerationen-Ansätze), zum anderen was die Verbindung mit nahezu allen Bereichen der Lebensqualität betrifft. Hier geht es um die Schaffung, Belebung oder Wiederbelebung konkreter Orte in der Stadt – vor allem in der Innenstadt. Hintergrund dafür ist das Bedürfnis nach Treffpunkten, Austausch und Erlebnissen in verschiedener Form (Kunst, Kultur, Gastronomie, Sport, Spiel, Austausch, Jugendtreff etc.) und auch quer durch die Generationen.

Mobilität und Erreichbarkeit der nächsten Zentren

Angesichts der peripheren Lage der Modellstädte ist es nicht überraschend, dass vor Ort in Verbindung mit dem Thema Mobilität Aspekte wie Lage und Erreichbarkeit eine Rolle spielen. Interessant ist hier, dass viele Hoffnungen auf die Bahn bzw. die Reaktivierung von Bahnstrecken gesetzt werden. Angesichts eines veränderten Mobilitätsverhaltens der jüngeren, großstadtaffinen Generation und des Wettbewerbs um junge Einwohner und Arbeitskräfte, ist dies eine richtige und wichtige Diskussion. Auch der Bahnhof als Ort in der Stadt gerät wieder in den Blick, indem er durch multifunktionale Nutzungsansätze wiederbelebt werden soll. Weitere Themen sind E-Mobilität und mögliche Strategien, aus Einpendlern Einwohner der Stadt zu machen.

Wirtschaft und Bildung

Ausgehend von den eigenen wirtschaftlichen Potenzialen und Traditionen sollen neue Ansätze wirtschaftlicher Entwicklung angestoßen werden – Verbindung von Tradition und Moderne. Ein dabei häufig benannter Entwicklungsmotor ist ein Innovations- und Gründerzentrum, das als Institution und Ort in der Stadt dieses Thema besetzt – auch wenn hier teilweise noch Unklarheit darüber besteht, welche Inhalte für das Zentrum von Bedeutung sein könnten.

Dienstleistungen und Wissensökonomie, weniger Gewerbe und Industrie, werden als Zukunftsoptionen wahrgenommen, können aber nicht konkret gefasst werden. Als externer Innovationstreiber wird vielerorts die Verbindung zu Bildungs- und Forschungseinrichtungen (Hochschulen) in umliegenden Zentren über wirtschaftliche, personelle oder traditionelle Stärken gesehen. Gesundheit und Pflege, Natur, Textilverarbeitung schließen an örtliche traditionelle Entwicklungspfade an. Neben den Aspekten Innovation und Gründung spielen die Aspekte Bildung, Bildungsübergänge und kommunale Bildungskonzepte vor dem Hintergrund des Fachkräftemangels eine Rolle.

Tourismus

Beim Tourismus spielen (erstaunlicherweise) weiterhin die Entwicklung von touristischer Infrastruktur und Angeboten eine große Rolle. Bis auf Rodewisch streben alle Modellstädte dadurch eine Profilierung im Bereich Tourismus an. Hier geht es um die Schaffung neuer Beherbergungsmöglichkeiten und Infrastruktur – dies oft verbunden mit hohen qualitativen Ansprüchen. Darüber hinaus werden touristische Alleinstellungsmerkmale, Angebote und Erlebnisse thematisiert. Der Bereich Tourismus wird in den Städten stark in Verbindung mit allen Aspekten der Lebensqualität diskutiert, da die meisten Angebote sowohl der Einwohnerschaft als auch den Gästen zugutekommen.

Gemeinschaft und Kommunikation

Aspekte wie Zusammengehörigkeit, Kooperation, Miteinander, Identität und Image sowie Engagement spielen in allen Modellvorhaben eine große Rolle. In institutionalisierter Form ist weiterhin das Vereinsleben eine Stärke und ein wesentlicher Ort der Gemeinschaft. Es wird jedoch deutlich, dass die Vereine und die Vereinsarbeit unter Druck geraten. Insbesondere sind hier der demografische Wandel bzw. die Alterung, teils der Zuzug Auswärtiger wie eine veränderte Haltung junger Menschen zum Vereinsleben und Engagement, die eher außerhalb fester Strukturen aktiv werden wollen, zu nennen. Die Teilnehmer und Teilnehmerinnen der Szenariowerkstätten sehen eine Antwort darauf in stärkerer Zusammenarbeit der Vereine, zum Beispiel unter dem Dach gemeinsamer Organisationsstrukturen. Darüber hinaus wird auf eine stärkere Wahrnehmbarkeit und Anerkennung der Vereinsarbeit gesetzt.

4. Fazit und Ausblick

Die normativen, narrativen Szenarioprozesse können ein Katalysator für einen gemeinschaftlichen Stadtentwicklungsprozess sein. Die Methodik und das Vorgehen trafen durchweg auf Akzeptanz, Zustimmung und teilweise auf Begeisterung. In einigen Modellvorhaben haben sie aus Sicht der Beteiligten eine Art Aufbruchstimmung ausgelöst. Es ist gelungen, in kurzer Zeit ein breites, einvernehmliches Bild (Rahmenbedingungen, Einflussfaktoren, Potenziale, Zukunft) zu erstellen, mit dem sich fast alle Teilnehmenden identifizieren können. Die Methode ist gut geeignet, einen guten, öffnenden Impuls zu geben und damit vor Ort eine neue Form bzw. Kultur von Planung zu befördern: partizipativ, ganzheitlich orientiert und strategisch fokussiert. Das Zukunftsbild der Szenariogruppe ist als Zwischenergebnis in einem mittelfristig angelegten strategischen Prozess zu verstehen. Es dient im Idealfall als Orientierung und als Kommunikations- und Vermittlungsinstrument in die breite Öffentlichkeit. Der von ihm ausgehende Impuls muss allerdings im Sinne eines Szenariotransfers zwingend in weiterführende Planungs- und Umsetzungsschritte überführt werden, wie zum Beispiel integrierte Stadt- oder Gemeindeentwicklungskonzepte. Die Szenariomethode weist im Vergleich zu einer klassischen Herangehensweise (und auch vergleichbaren Beteiligungsformaten) etliche Stärken auf:

- Sie löst die Teilnehmer und Teilnehmerinnen von aktuellen Problemen und ermöglicht den Sprung in die Zukunft.
- Sie ordnet Einzelthemen in einen Gesamtzusammenhang und macht Wechselwirkungen zwischen einzelnen Handlungsfeldern deutlich.
- Sie schafft ein gemeinschaftlich getragenes Gesamtbild von Gegenwart und Zukunft der Stadt.
- Sie kann eine gemeinschaftliche »Aufbruchsstimmung« schaffen und Grundlage für die Kommunikation und Vermittlung von Zukunftsvorstellungen sein.

Die in den Modellvorhaben herausgearbeiteten Schwerpunktthemen bilden zum aktuellen Zeitpunkt eher die Palette klassischer Stadtentwicklungsthemen ab, eingebunden in einen neuen, zukunftsorientierten Kontext. Dafür dürften insbesondere zwei Punkte maßgeblich sein: Zum einen war der Szenarioprozess sehr stark an den lokalen Akteuren und ihren Einschätzungen der Situation ihrer Kleinstadt orientiert. Vor diesem Hintergrund sind eine sektorenübergreifende Kommunikation, gemeinsame Lernprozesse und eine strategische Ausrichtung überhaupt als neu zu bewerten. Zum anderen wurde in einzelnen Handlungsfeldern durchaus deutlich, dass klassische Themen (wie Arbeiten und Wohnen) in der Kleinstadt mit neuen Konzepten untersetzt werden müssen, um die Zukunftsfähigkeit zu sichern. Hier dürften vor allem bei der Entwicklung von Schlüsselprojekten Aspekte wie Digitalisierung, neue Arbeits- und Mobilitätsformen etc. eine Rolle spielen, um Handlungsansätze mit Blick auf das Jahr 2030 tragfähig zu machen. Vielleicht ergibt sich die Zukunftsfähigkeit einer Kleinstadt aber auch viel stärker durch das Denken, Handeln und Kooperieren der Akteure in der Stadt als von der Umsetzung einzelner herausragender, innovativer Zukunftsprojekte, von denen wir heute noch nicht wissen, ob sie überhaupt zukunftsfähig sind und im Kontext der Kleinstadt funktionieren. Ein abschließendes Fazit steht somit noch aus.

Schon jetzt wird allerdings deutlich: Die Szenarioprozesse haben in den Modellvorhaben dazu beigetragen, dass der in der ersten Phase noch konstatierte »Dornröschenschlaf« vorbei ist. Die gemeinsame Suche nach Ideen vor Ort hat wach gemacht und die Modellvorhaben machen sich selbst auf den Weg, Strategien und Projektansätze weiterzuentwickeln.

Weitere Informationen zum Forschungsfeld

Experimenteller Wohnungs- und Städtebau (ExWoSt) ist ein Forschungsprogramm des Bundesministeriums für Umwelt, Naturschutz, Bau und Reaktorsicherheit (BMUB), betreut vom Bundesinstitut für Bau-, Stadt- und Raumforschung (BBSR) im Bundesamt für Bauwesen und Raumordnung (BBR).

Internet: www.exwost-kleinstaedte.de

BBSR (Hg.) (2016): Potenziale von Kleinstädten in peripheren Lagen. Ein ExWoSt-Forschungsfeld. ExWoSt-Informationen 50/1. Bonn.

BBSR (Hg.) (2017): Potenziale von Kleinstädten in peripheren Lagen. Ein ExWoSt-Forschungsfeld. ExWoSt-Informationen 50/2. Bonn.

Quellen

BBSR (2016): Vergleichende Stadtbeobachtung (online unter: http://www.bbsr.bund.de/BBSR/DE/Raumbeobachtung/UeberRaumbeobachtung/Komponenten/VergleichendeStadtbeobachtung/vergleichendestadtbeobachtung_node.html, Zugriff am 29.08.2016)

Kosow, H.; Gaßner, R.: Methoden der Zukunfts- und Szenarioanalyse. Überblick, Bewertung und Auswahlkriterien. Institut für Zukunftsstudien und Technologiebewertung. Werkstattbericht Nr. 103. Berlin 2008.

Schulz-Montag, B.; Müller-Stoffels, M.: Szenarien. Instrumente für Innovations- und Strategieprozesse. In: Wilms, F. E.P. (Hrsg.): Szenariotechnik. Bern 2006.

Die Entwicklung von Klein- und Mittelstädten am Beispiel der Kreisstädte

Tanja und Lothar Eichhorn

Die Bevölkerungsentwicklung der 36 untersuchten Kreisstädte ist im Wesentlichen abhängig von ihrer geografischen Lage sowie der Entwicklung ihres jeweiligen Gesamtkreises. Sie teilen in hohem Maße das Schicksal ihres jeweiligen Umlands. Seit 2011 sorgt die Zuwanderung aus dem Ausland auch in einigen Städten, die sich bis dahin schwächer entwickelten, für positive Impulse.

Einführung

Das Land Niedersachen hat derzeit 37 Landkreise, hinzu kommt die Region Hannover. Sie alle haben in ihren Kreisstädten einen Hauptsitz der Kreisverwaltung. Kreisstädte haben damit zumindest regional eine Bedeutung als administrative Zentren. Der folgende Beitrag untersucht die Fragestellungen:
- Wie haben sich diese Kreisstädte im Laufe einer Generation (25 Jahre) entwickelt?
- In welchem Ausmaß wird die Entwicklung dieser Städte von deren Größe sowie deren geografischer Lage beeinflusst?
- Wie stark hängt die Entwicklung der Kreisstadt mit derjenigen des gesamten Landkreises zusammen?

Gegenstand der Untersuchung sind die Kreisstädte von 36 Landkreisen. Nicht einbezogen werden die Stadt Hannover, Sitz der Regionsverwaltung, sowie die kreisfreie Stadt Osnabrück, Sitz des Landkreises Osnabrück. Grundlage der Untersuchung sind ausschließlich Daten der Bevölkerungsfortschreibung zum 31.12. der Jahre 1990, 2011 und 2015. Diese Daten wurden deshalb als Analysebasis gewählt, weil alle positiven oder negativen Entwicklungen der Wirtschaft und des Arbeitsmarktes sich letztendlich in der Bevölkerungszahl niederschlagen, sodass sich die Analyse auf dieses eine Merkmal konzentrieren kann. Der Zeitraum setzt unmittelbar nach der Wiedervereinigung an und umfasst bis zum aktuellen Stand insgesamt eine Generation. Er wird in zwei Zeitspannen untergliedert: 1990–2011 und 2011–2015. Das Jahr 2011 wurde anstelle des an sich näherliegenden Jahres 2010 gewählt, um Auswirkungen des »Datenknicks«, der durch den Zensus 2011 eintrat, zu vermeiden: Der Zensus 2011 korrigierte die Einwohnerzahl zumeist nach unten, da sogenannte Karteileichen und Doppelzählungen der vergangenen Jahre aufgedeckt wurden. Somit dürften die Daten im Vergleich der Jahre 1990/2011 recht gut die reale Entwicklung widerspiegeln. Die Zeitspanne 2011–2015 ist von solchen potenziellen Verzerrungen frei.

1. Die Entwicklung der letzten 25 Jahre

Im Gesamtzeitraum 1990–2015 konnten 22 Städte Bevölkerungsgewinne verbuchen, während 14 Städte Einbußen hinnehmen mussten. Am dynamischsten entwickelten sich die westlichen Städte Cloppenburg (+43,4 %), Wildeshausen (+35,5 %) und Vechta (+35,4 %), gefolgt von Kreisstädten aus der Statistischen Region Lüneburg: Winsen an der Luhe (+24,0 %) und Osterholz-Scharmbeck (+22,7 %). Auf der anderen Seite hatten die Städte Osterode am Harz (−18,1 %), Helmstedt und Cuxhaven (beide −14,0 %) sowie Goslar (−11,8 %) erhebliche Verluste hinzunehmen. Damit ergibt sich eine Spannweite der Entwicklung von +43,4 bis −18,1 %, also ein Unterschied von 61,5 Prozentpunkten!

Bevölkerungsrückgänge gab es des Weiteren in den Städten Brake (Unterweser), Celle, Göttingen, Hameln, Hildesheim, Holzminden, Lüchow, Northeim, Stadthagen und Uelzen. Größere oder kleinere Zuwächse verbuchten außer den Obengenannten noch Aurich, Bad Fallingbostel, Diepholz, Gifhorn, Jever, Leer, Lüneburg, Meppen, Nienburg, Nordhorn, Peine, Rotenburg (Wümme), Stade, Verden, Westerstede, Wittmund und Wolfenbüttel. Wenig verändert hat sich die Bevölkerungszahl in Wolfenbüttel (+0,5 %) und Nienburg an der Weser (+1,6 %).

Das Vorzeichen der regionalen Bevölkerungsentwicklung der Jahre 1990–2011 ist bis auf zwei Ausnahmen identisch mit der des Gesamtzeitraums 1990–2015: Wer bis 2011 Zuwachs verbuchte und sich damit im positiven Bereich befand, blieb dort auch. Wer bis dahin Verluste verbuchte, konnte diese zumeist auch in den folgenden vier Jahren nicht ausgleichen, mit Ausnahme von Wolfenbüttel und Bad Fallingbostel, deren Entwicklung sich vom Negativen ins Positive wendete.

Das Jahr 2011 stellte einen Wendepunkt der Entwicklung dar. Im jüngsten Vergleichszeitraum von 2011–2015 haben bis auf Cuxhaven, Goslar, Holzminden, Northeim und Osterode alle Kreisstädte Einwohner dazugewonnen, auch neun von denjenigen Städten, in denen im Gesamtzeitraum von 1990–2015 Verluste verzeichnet wurden. Die Ursache hierfür liegt überwiegend in der verstärkten Arbeitsmigration aus Ost- und Südosteuropa sowie in der beginnenden Flüchtlingsmigration der Jahre 2014 und 2015. Die höchsten Zuwächse konnten in Lüneburg (+5,2 %), Diepholz (+4,9 %) Winsen (+3,9 %), Vechta (+3,7 %) und Meppen (+3,0 %) verzeichnet werden.

2. Ursachen der Heterogenität der Entwicklung

Welche Ursachen stecken hinter diesen Entwicklungen? Um dieser Frage nachzugehen, wurden einige Korrelationen (»Pearson's r«) berechnet. Zunächst wurde geprüft, ob die Bevölkerungszuwächse oder -abnahmen etwas mit der absoluten Größe der Kreisstädte zu tun haben. Man könnte annehmen, dass größere Städte sich schneller entwickeln als kleinere. Es ist aber fast das Gegenteil der Fall: Pearson's r nimmt in der Korrelation zwischen der absoluten Größe der Städte 1990 und ihrer Bevölkerungsentwicklung bis 2015 einen Wert von −0,28 an. Tendenziell entwickelten sich also die kleineren Städte sogar dynamischer als die größeren.

Wesentlich aussagekräftiger ist die Korrelation zwischen der Entwicklungsrate des Landkreises und seiner jeweiligen Kreisstadt. In aller Regel gewinnen die Kreisstädte dann, wenn auch der Landkreis insgesamt gewinnt. Pearson's r zeigt eine sehr hohe Korrelation von +0,91 zwischen der langfristigen Entwicklung der Kreisstädte einerseits und der dazugehörigen Landkreise andererseits an. Ausnahmen davon gibt es nur in den Landkreisen Schaumburg, Celle, Cuxhaven und Lüchow-Dannenberg, wo die Kreisstädte schrumpfen, während die Landkreise insgesamt zwischen +1,0 und 4,9 % wachsen. Überhaupt entwickelten sich die Landkreise insgesamt zumeist (in 26 Fällen) besser als ihre Kreisstädte: In nur zehn Fällen wuchs die Kreisstadt stärker als der Landkreis insgesamt. Hier stechen die Städte Wildeshausen, Cloppenburg, Holzminden und Jever heraus, deren Veränderungsraten erheblich über denen ihrer Landkreise lagen. Die Gegenbeispiele sind die Städte Cuxhaven, Gifhorn und Lüneburg: Diese Kreisstädte entwickelten sich erheblich schwächer als ihre Landkreise – die letztgenannten profitierten stärker als ihre Kreisstädte von der Nähe der Metropolen Hamburg und Wolfsburg.

Eindeutiger und schärfer wird der Zusammenhang herausgearbeitet, wenn man die Entwicklung der Städte mit der der übrigen, meist ländlichen Kreisgebiete vergleicht. Hier nimmt Pearson's r einen Wert von +0,83 an. Immer noch wird damit mathematisch ein sehr hoher Zusammenhang ausgedrückt. Man kann also klar formulieren, dass die Kreisstädte das Schicksal ihres Landkreises und ihres Umlands teilen.

Bevölkerungsentwicklung von 36 Kreisstädten 1990 bis 2015

Kreisstadt	Einwohner am			Veränderung Kreisstadt	
	31.12.90	31.12.11	31.12.15	1990-2015	1990-2011
Gifhorn	38678	41183	41905	8,3	6,5
Göttingen	121831	116052	118914	-2,4	-4,7
Goslar	57608	51368	50782	-11,8	-10,8
Helmstedt	27034	23084	23254	-14,0	-14,6
Northeim	31381	29087	28920	-7,8	-7,3
Osterode am Harz	27097	22868	22201	-18,1	-15,6
Peine	46654	48480	49366	5,8	3,9
Wolfenbüttel	52032	51581	52269	0,5	-0,9
Diepholz	14970	15917	16692	11,5	6,3
Hameln	58539	56433	56529	-3,4	-3,6
Hildesheim	105291	99267	101667	-3,4	-5,7
Holzminden	21477	20151	20099	-6,4	-6,2
Nienburg (Weser)	30710	30815	31193	1,6	0,3
Stadthagen	22778	21582	21814	-4,2	-5,3
Celle	72260	68712	69748	-3,5	-4,9
Cuxhaven	56090	48829	48264	-14,0	-12,9
Winsen (Luhe)	27338	32638	33896	24,0	19,4
Lüchow (Wendland)	9700	9401	9481	-2,3	-3,1
Hansestadt Lüneburg	61870	70438	74072	19,7	13,8
Osterholz-Scharmbeck	24705	30097	30302	22,7	21,8
Rotenburg (Wümme)	19183	21082	21392	11,5	9,9
Bad Fallingbostel	10837	10826	11044	1,9	-0,1
Hansestadt Stade	42487	45198	46378	9,2	6,4
Uelzen	35466	33467	33782	-4,7	-5,6
Verden (Aller)	24589	26599	26997	9,8	8,2
Westerstede	18659	21893	22154	18,7	17,3
Aurich	36856	40606	41489	12,6	10,2
Cloppenburg	23574	32994	33798	43,4	40,0
Meppen	30508	33909	34918	14,5	11,1
Jever	12899	13924	14020	8,7	7,9
Nordhorn	49359	52085	53285	8,0	5,5
Leer (Ostfriesland)	31375	33995	34042	8,5	8,4
Wildeshausen	14311	18888	19390	35,5	32,0
Vechta	23300	30423	31558	35,4	30,6
Brake (Unterweser)	16151	15038	15129	-6,3	-6,9
Wittmund	19469	20538	20735	6,5	5,5

(Prozent)	Veränderung Landkreis (Prozent)			Landkreis
2011-2015	1990-2015	1990-2011	2011-2015	
1,8	24,1	21,7	2,0	Gifhorn
2,5	-0,4	-3,4	3,1	Göttingen
-1,1	-14,7	-13,9	-1,0	Goslar
0,7	-8,7	-9,2	0,6	Helmstedt
-0,6	-10,5	-9,4	-1,2	Northeim
-2,9	-17,6	-15,1	-3,0	Osterode am Harz
1,8	9,9	8,1	1,7	Peine
1,3	2,6	2,2	0,5	Wolfenbüttel
4,9	13,4	11,1	2,0	Diepholz
0,2	-6,3	-5,6	-0,8	Hameln-Pyrmont
2,4	-2,9	-3,1	0,2	Hildesheim
-0,3	-12,0	-10,2	-2,0	Holzminden
1,2	3,2	3,9	-0,6	Nienburg (Weser)
1,1	1,0	1,6	-0,5	Schaumburg
1,5	4,9	3,7	1,1	Celle
-1,2	3,2	3,2	0,0	Cuxhaven
3,9	25,1	20,6	3,7	Harburg
0,9	1,9	-0,3	2,1	Lüchow-Dannenberg
5,2	31,5	27,1	3,5	Lüneburg
0,7	18,1	15,2	2,5	Osterholz
1,5	15,5	14,7	0,7	Rotenburg (Wümme)
2,0	11,1	7,8	3,1	Heidekreis
2,6	18,1	15,5	2,3	Stade
0,9	-0,4	-0,2	-0,2	Uelzen
1,5	14,4	12,1	2,1	Verden
1,2	25,5	21,9	3,0	Ammerland
2,2	11,0	9,5	1,3	Aurich
2,4	36,8	32,3	3,4	Cloppenburg
3,0	21,1	18,1	2,5	Emsland
0,7	3,9	3,8	0,0	Friesland
2,3	13,5	11,6	1,7	Grafschaft Bentheim
0,1	15,3	12,8	2,2	Leer
2,7	24,2	21,0	2,7	Oldenburg
3,7	30,8	25,9	3,9	Vechta
0,6	-1,3	-1,0	-0,3	Wesermarsch
1,0	8,2	7,1	1,1	Wittmund

3. Entscheidend ist die geografische Lage

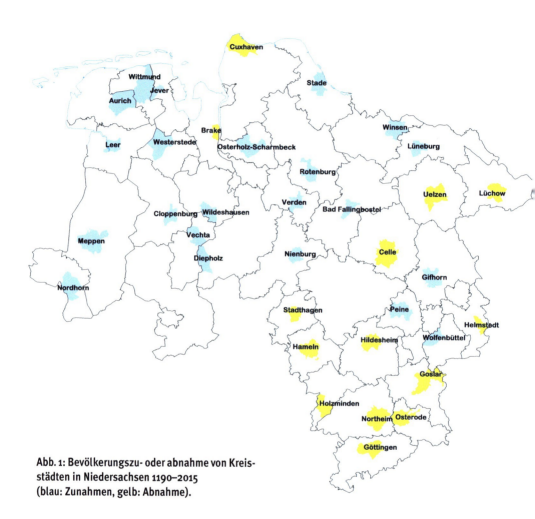

Abb. 1: Bevölkerungszu- oder abnahme von Kreisstädten in Niedersachsen 1190–2015 (blau: Zunahmen, gelb: Abnahme).

Die Karte zeigt die geografische Lage der untersuchten 36 Kreisstädte innerhalb Niedersachsens. Farblich ist hervorgehoben, ob diese Städte von 1990 bis 2015 Bevölkerungszuwächse (blau) oder Verluste (gelb) aufwiesen. Leicht ist erkennbar, dass die Kreisstädte mit Verlusten sich im südlichen und östlichen Niedersachsen konzentrieren. Im westlichen Niedersachsen sowie im näheren Umkreis der Metropolen Hamburg, Bremen und Hannover überwiegen die blau dargestellten Städte mit zum Teil erheblichen Gewinnen.

Thesen zum Abschluss der Loccum-Tagung 2016

(zusammengefasst nach den Beiträgen der Teilnehmer/innen von Rainer Danielzyk, Albert Drews und Axel Priebs)

Klein und Mittelstädte und ihre Funktionen für das Umland

1. Eine lebendige dynamische Stadt schafft einen Mehrwert auch für ihre Nachbargemeinden. Urbanität, d.#h. städtisches Leben, Kultur und zahlreiche Dienstleistungs- und Beratungsangebote sorgen für Attraktivität und Lebensqualität der gesamten Region.

2. .Die Funktion als Mittelzentrum ist für die Städte mit starken Verpflichtungen gegenüber den Nachbargemeinden verbunden. Diese Funktion sollte auch im kommunalen Finanzausgleich entsprechend honoriert werden. Ergänzend sind projektbezogene und kooperative Ansätze der Finanzierung in Stadt-Umland-Zusammenhängen sinnvoll.

3. Im Verhältnis zwischen Mittelzentren und ihren Nachbargemeinden besteht eine normative Hierarchie, die jedoch Kooperationen und interkommunale Pool-Lösungen nicht ausschließt. Hier kann die Moderationsfähigkeit des Landes vorhandene Konkurrenzen in einen Qualitätswettbewerb und in kooperative Lösungen mit Mehrwert umkehren.

Die bauliche Gestaltung der Klein- und Mittelstädte

1. In Planungsprozessen sollte in Szenarien gedacht werden, welche man dann auch durchspielt. Dabei sollte es keine Denkverbote geben. Ist beispielsweise eine Stadt ohne Handel vor Ort vorstellbar? Es sollten Datenbestände genutzt, ausgewertet und die Ergebnisse zur Diskussion gestellt werden. Auch wissenschaftliche Expertise ist einzuholen und zu nutzen.

2. Bauliche Gestaltung sollte identitätsstiftend sein. Dabei sollte vorhandene architektonische Qualität erkannt und weiterentwickelt werden. Identität kann historisch hergeleitet sein, kann aber auch durch Setzung neuer Impulse geschaffen werden.

3. In jedem Fall sollte die Bevölkerung zur aktiven baulichen Mitgestaltung motiviert werden.

Klein- und Mittelstädte als Wirtschaftsstandort

1. Die Entwicklung von Klein- und Mittelstädten und Regionen ist ein Prozess, der aktiv gestaltet werden kann. Das gilt auch für schrumpfende Regionen. Auch hier gibt es immer Potentiale, die Anknüpfungspunkte für Entwicklungsstrategien sein können.

2. Gegenwärtig wandern vor allem jüngere Bevölkerungsgruppen in größere Städte. Wohnstandortentscheidungen sind dabei offenkundig nicht nur von Arbeits- und Ausbildungsplätzen abhängig, sondern auch von der Lebensqualität an den Standorten (»Urbanität«).

3. Hohe Lebensqualität ist nur durch die Zusammenarbeit von Klein- und Mittelstädten untereinander und mit den sie umgebenden Räumen zu erreichen.

4. Die Zentren der Klein- und Mittelstädte geraten durch die aktuellen Entwicklungen im Einzelhandel (z. B. Vergrößerung der Angebotseinheiten, Onlinehandel) erheblich unter Druck. Neue, größere Einheiten, z. B. im Bereich der Dienstleistungen und des Gesundheitswesens, ziehen tendenziell an verkehrsgünstige Standorte, oft außerhalb der bisherigen Stadtzentren. Diese Entwicklungen gefährden die Versorgungsfunktion der historischen Zentren. Offen ist, in wie weit eine stärkere planerische Orientierung auf Wohnen, Kultur und Tourismus eine sinnvolle Alternative zur Stärkung der Zentren der Klein- und Mittelstädte sein kann.

Ministerin Birgit Honé mit den anderen Organisatoren der Loccum-Tagung (von links): Prof. Dr. Rainer Danielzyk, Prof. Dr. Axel Priebs und Studienleiter Dr. Albert Drews (Evangelische Akademie Loccum)

Zur Institutionalisierung von Wissensspillovern zwischen Unternehmen und Hochschulen in Südniedersachsen

Kilian Bizer; Till Proeger

Die Kooperation zwischen Universitäten und Unternehmen wird als eine zentrale Anforderung an innovationsorientierte Regionalpolitik angesehen. Hierfür ist eine möglichst enge Verschränkung zwischen Universitäten, Fachhochschulen, Unternehmen und Verwaltung nötig. Dieser Artikel stellt den Forschungsstand sowie die aktuellen Maßnahmen zur Umsetzung einer Innovationsregion in Südniedersachsen dar.

1. Einleitung

Innovative, wissensbasierte Unternehmensaktivität wird als die zentrale Determinante dauerhaften ökonomischen Wachstums in modernen Dienstleistungsgesellschaften angesehen (Audretsch et al. 2006). Die Schaffung und Verteilung neuen Wissens durch unternehmerisch tätige Individuen ist dabei die Grundlage für Wettbewerbsfähigkeit und damit höheren Wohlstand von Regionen. Die regionale Wissensproduktion wird daher als das wichtigste Element einer erfolgreichen Innovationspolitik verstanden, die im Zusammenwirken von industrieller angewandter Forschung und universitärer Grundlagenforschung in einem geografisch begrenzten Raum ökonomisch relevantes Wissen erzeugt (Hülsbeck und Pickave, 2014). Im Prozess regionaler Wissensproduktion spielen Universitäten und Fachhochschulen eine entscheidende Rolle, da sie durch Forschung und Ausbildung positive Externalitäten, sogenannte Wissensspillover, zugunsten der regionalen Unternehmen erzeugen (Acs et al. 1994; Audretsch/Feldman 1996). Die Etablierung einer dauerhaften Kooperation zwischen Hochschulen und Unternehmen wird folglich als ein zentrales Erfordernis für die Hebung der Wettbewerbsfähigkeit regionaler und nationaler Innovationssysteme interpretiert. Diese wird wiederum zu einer Verbesserung der ökonomischen Lage einer Region führen, etwa durch die langfristige Stärkung der Innovationskraft der beteiligten Unternehmen, höhere Gewinne, bessere Qualifikation der Mitarbeiter und sicherere Arbeitsplätze (hierzu beispielhaft Audretsch et al. 2006).

Die Bedingungen, unter denen innovative Kooperationen zwischen universitärer Forschung und wirtschaftlicher Anwendung entstehen und erfolgreich sein können, sind seit langem Inhalt zahlreicher ökonomischer und regionalpolitischer Studien. Das wichtigste regionalpolitische Ziel liegt in einer Verstetigung der Wissensspillover (Audretsch et al., 2012). Diese werden in Form verschiedenster institutioneller Kooperationsmechanismen angestrebt. Die zentrale Anforderung für den systematischen und dauerhaften Austausch von spezifischem Wissen zwischen Hochschulen sowie anderen Wissenschaftseinrichtungen und Unternehmen liegt dabei in der Etablierung einer vertrauensvollen Kooperationskultur zwischen den verschiedenen Akteuren in dafür geeigneten Netzwerken. Diese Kooperationskultur beinhaltet insbesondere die Kenntnis von, den regelmäßigen Austausch mit und das Vertrauen in einen breiten Personenkreis potentieller Partner aus Wirtschaft und Wissenschaft, die durch die Mitgliedschaft in gemeinsamen Institutionen verbunden sind. In der Regel benötigen die universitär-wirtschaftlichen Netzwerke eine Etablierung von Seiten staatlicher Akteure. Dieses ist insbesondere für Regionen erforderlich, in denen die Kosten für das Zustandekommen einer Kooperation aufgrund geografischer und institutioneller Gegebenheiten prohibitiv hoch sind, sodass eine rein private Vernetzungsinitiative von vornherein an Rentabilitätserwägungen scheitern würde. Eine öffentliche Bereitstellung der Koordinationsleistung ist daher sinnvoll, um so die Kooperationsgewinne für das regionale Innovationssystem zu realisieren.

Formalisiert wurde diese Überschneidung der drei institutionellen Sphären von Industrie, Universität und Staat in Form des Modells der »Triple-Helix-Struktur«, das im Folgenden für den Fall Südniedersachsens genutzt wird (Huggins et al., 2008; Etzkowitz, 2003). Hierbei müssen zwei Grunderfordernisse regionsspezifisch umgesetzt werden: (1) die Etablierung von persönlichen Beziehungen und Vertrauen zwischen Schlüsselpersonen potentiell kooperierender Institutionen sowie (2) die effiziente Bereitstellung von wissenschafts- oder unternehmensrelevanten Informationen für alle Akteure. In diesem Papier wird dargelegt, wie die aus der Forschung abgeleiteten Erkenntnisse in Südniedersachsen bereits angewendet werden und welche Planungen zur weiteren Verknüpfung zwischen Hochschulen und Unternehmen sowie Kommunen und staatlichen Einrichtungen geplant sind.

2. Das Triple-Helix-Modell

Die Idee einer zunehmenden Verschränkung der getrennten Sphären von Regionalpolitik, Hochschulen und Unternehmen im Bild einer aus drei Strängen aufgebauten Helix entstand Mitte der 1990er Jahre (Audretsch, 2014; Smith und Leydesdorff, 2014). Dieses Modell dreier durch Netzwerke überlappender Sphären (Abb. 1c) steht im Gegensatz zu einer traditionellen, stark vom Staat ausgestalteten Beziehung zwischen Universitäten und Industrien, die eine einseitige staatliche Zielsetzung, etwa der Forschung zu militärischen Zwecken, verfolgt (Abb. 1a). Ebenso wird die klare Trennung der drei Sphären infolge einer starken funktionellen Spezialisierung abgelehnt (Abb. 1b), da auch sie die Weitergabe von Innovationen erschwert. An die Stelle dieser beiden traditionellen Modelle der Beziehung von Staat, Industrie und Universität tritt in den meisten Ländern und Regionen seit zwei Jahrzehnten die engere Verschränkung der drei Sphären in Form einer Wissensinfrastruktur, in denen überlappende institutionelle Sphären in Form hybrider Organisationsformen entstehen (Abb. 1c) (Audretsch, 2014).

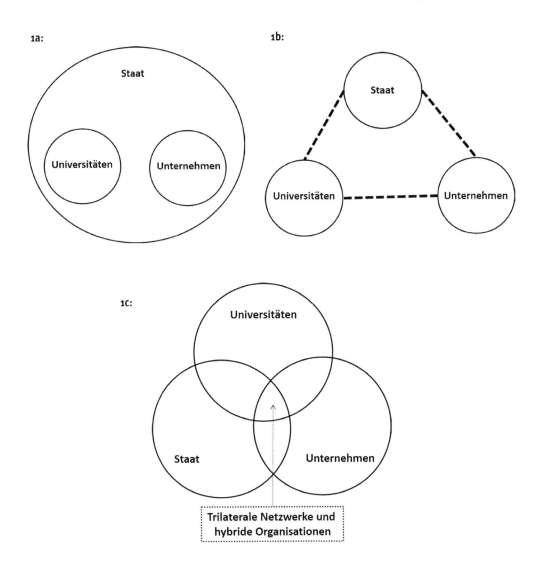

Abb. 1: Modelle von Innovationskonzeptionen.
Quelle: Eigene Darstellung nach Etzkowitz/Leydesdorff, 2000

Die neu entstehenden hybriden Organisationsformen als Schnittmenge der drei Sphären sollen dabei zu einem innovativen Milieu zusammenwachsen, das z. B. aus universitären Ausgründungen, trilateralen Initiativen für regionale Wirtschaftsentwicklung, strategischen Allianzen zwischen Unternehmen sowie staatlichen Laboren und akademischen Forschungsgruppen bestehen soll. Diese neuen institutionellen Arrangements sollen dabei von Seiten des Staates unterstützt, allerdings nicht vollständig kontrolliert werden. Stattdessen sollen für die Kooperation vorteilhafte gesetzliche Rahmenbedingungen geschaffen und ggf. direkte oder indirekte finanzielle Unterstützung im Rahmen des Beihilferechts gewährt werden. Im Gegensatz zu seinen Vorläufern strebt das Konzept der Triple-Helix keine stabilen Institutionen und Zuständigkeitsverteilungen an, sondern zielt auf eine flexible und sich stets verändernde Struktur aus Kommunikationsbeziehungen, Netzwerken und Institutionen zwischen den einzelnen Bestandteilen ab. Durch diese Flexibilität wird steter Veränderungsdruck auf die einzelnen Teilnehmer ausgeübt, sodass ein System der Triple-Helix als eine konstant im Übergang begriffene Struktur interpretiert werden kann. Die komplexe Innovationsdynamik im Spannungsfeld verschiedener Institutionen, die unterschiedliche Ziele und Interessen verfolgen, trägt dabei entscheidend zur Steigerung der innovativen Potenziale einer Region bei. Zur Etablierung einer Triple-Helix-Struktur innerhalb einer Region bedarf es eines systematischen Aufbaus der hybriden Kooperationsstrukturen und Kommunikationsprozesse zwischen den zuvor getrennten Sphären.

Der Erfolg dieser hybriden Struktur hat dabei zwei entscheidende Bedingungen:

1. Die Senkung von Transaktionskosten (v. a. Suchkosten) für das Entstehen potenzieller Kooperationen zwischen den Sektoren durch die Sammlung und Zusammenfassung von Informationen und Kontakten zur Koordination der Akteure.

2. Die Etablierung von Vertrauen zwischen den beteiligten Personen und Institutionen zur Fundierung dauerhafter sozialer Beziehungen, die Kooperationen erleichtern.

3. Institutionelle Umsetzung in Südniedersachsen

3.1 Grundbedingungen in Südniedersachsen

Die Region Südniedersachsen umfasst vier Landkreise mit insgesamt rund 650 000 Einwohnern. Die Region erfährt seit 2013 eine besondere Förderung durch die Niedersächsische Landesregierung, da sie als wirtschaftlich strukturschwach eingeschätzt wird. Die damit verbundenen Probleme werden durch die Folgen von Abwanderung und des demografischen Wandels verstärkt, die zu steigenden Kosten der infrastrukturellen Daseinsvorsorge und des Mobilitätsangebots im ländlichen Raum führen. Gleichzeitig besitzt die Region erhebliche Stärken aufgrund ihrer gut ausgebauten Bildungs-

und Forschungsinfrastruktur (Südniedersachsenstiftung, 2014). Dennoch werden innerhalb der südniedersächsischen Wirtschaftsstruktur eine insgesamt nur geringe Anzahl praktischer Umsetzungen von Innovationen realisiert, insbesondere in kleinen und mittleren Unternehmen (KMU) (Südniedersachsenstiftung, 2014). Aus dieser Diskrepanz resultiert das Ziel, Maßnahmen zur Weiterentwicklung hin zu einer Innovationsregion zu ergreifen, bei der die verschiedenen Einzelakteure effektiv vernetzt werden sollen, um so die gesamte regionalökonomische Leistungsfähigkeit zu verbessern. Das Kernstück soll hierbei die engere Verzahnung von Wirtschaft und Wissenschaft mittels neuer Strukturen sein, die ein »Scharnier zwischen Unternehmen, Kommunen und Hochschuleinrichtungen« (Südniedersachsenstiftung, 2014, S. 8) darstellen. Zur Hebung der vielfältigen Innovationspotenziale dient dabei die neue Organisationsstruktur des Südniedersächsischen Innovationscampus.

3.2 Der SüdniedersachsenInnovationsCampus (SNIC)

Der SüdniedersachsenInnovationsCampus (SNIC) soll als Organisation die hybride Schnittstelle zwischen den verschiedenen Akteuren Wissenschaft, Wirtschaft und staatliche Institutionen bilden. Er ist damit auf eine enge Verschränkung der verschiedenen Bereiche ausgerichtet, wodurch Transaktionskosten gesenkt und Vertrauen zwischen lokalen Akteuren aufgebaut werden sollen. Die aus diesem übergreifenden Ziel abgeleiteten Einzelaufgaben sind in drei Arbeitsfelder aufgeteilt, wobei eine Geschäftsstelle als viertes Arbeitsfeld die organisatorische Bündelung und Koordination der Einzelaufgaben wahrnimmt (Südniedersachsenstiftung u. a., 2015).

3.2.1 Kontaktanbahnung zwischen den Akteuren

Das erste Arbeitsfeld »Wissenstransfer und Fachkräftebindung« zielt auf die Vernetzung, d.h. Anbahnung und Aufrechterhaltung von Kontakten zwischen den verschiedenen regionalökonomischen Akteuren aus allen drei Bereichen der Triple-Helix, ab. Dabei gibt es eine doppelte Zielsetzung: Zum einen soll die Durchlässigkeit zwischen Wirtschaft und Wissenschaft erhöht und zum anderen der regionale Wissenstransfer zur Fachkräftebindung verstärkt werden, indem Hochqualifizierte über Projekte in die regionalen Unternehmen integriert werden.
Zur Erreichung dieser Ziele werden bestehende und in der Entwicklung befindliche Vernetzungsveranstaltungen und -projekte auf alle Landkreise ausgeweitet und beworben, in denen interessierte Unternehmen, Wissenschaftler, Lokalpolitiker und Verwaltungsvertreter Informationen und Kontakte gewinnen können. Darüber hinaus werden Schwerpunkttreffen mit Fachvorträgen zu innovativen Projekten aus Unternehmen und

Hochschulen angeboten, die auf die Etablierung von Kooperationen in spezifischen Bereichen abzielen und den Transfer von Wissen und Fachkräften zwischen Hochschulen und Unternehmen ermöglichen. Zudem werden Vortrags- und Vernetzungsformate etabliert, die zuvor innovationsferne KMU einschließlich von Handwerksbetrieben schrittweise an Innovationsprozesse heranführen.

Um Absolventen der Hochschulen in regionalen Unternehmen zu binden, wird eine Vernetzung von Studierenden und lokalen Unternehmen angestrebt. Hierfür werden Exkursionen von Wissenschaftlern und Studierenden in regionale Unternehmen sowie regionale Job- und Karrieremessen etabliert. Das Verfassen von Abschlussarbeiten durch Studierende und Promovierende in Kooperation mit regionalen Unternehmen wird gefördert; gleichzeitig wird systematisch eine Aufbereitung und Darstellung von potenziell unternehmensrelevanten Abschlussarbeiten betrieben, die im Internet und bei Vernetzungstreffen präsentiert werden. Diese Informationsweitergabe soll den Aufbau von Innovationsteams aus Wissenschaftlern, Studierenden und Unternehmen unterstützen, in denen unternehmensrelevante Fragestellungen in Kooperation bearbeitet werden. Ein Mentoringprogramm von Unternehmen für Studierende verstetigt die Kontakte und fördert die Verankerung der lokalen Unternehmenslandschaft in den Hochschulen.

3.2.2 Technische Unterstützung für Unternehmen

Die zweite Ebene der Verschränkung zwischen Wirtschaft und Wissenschaft liegt in der technischen Unterstützung bestehender Kooperationen durch spezifisches Knowhow. Durch vielfältige Angebote des SNIC können so die unterschiedlichen Arten von Transaktionskosten bei der Umsetzung von Innovationen erheblich reduziert werden, die ansonsten Barrieren für eine innovative Zusammenarbeit darstellen. Ebenfalls sollen – in Ergänzung zur allgemeinen Vernetzung – konkrete Forschungs- und Entwicklungskooperationen zwischen Unternehmen und Hochschulen etabliert und bei der Beantragung von finanzieller Förderung unterstützt werden. Hierfür werden Technologieberater als Ansprechpartner für Unternehmen durch die Landkreise und die Stadt Göttingen zur Verfügung gestellt, die bei der Entwicklung neuer Produkte, Dienstleistungen und Verfahren auf allen Ebenen unterstützend wirken, insbesondere bei KMU mit geringen eigenen Kapazitäten zur Implementierung und Entwicklung von Innovationen. Diese gehen aktiv auf Unternehmen zu und erhöhen so dauerhaft den Informationsfluss zwischen den Institutionen der Region. Die derzeitigen und die neu hinzukommenden Technologieberater arbeiten eng mit den Innovationsscouts der Hochschulen unter dem Dach des SNIC zusammen, was einen stärkeren Austausch von Kontakten und spezifischem Wissen ermöglicht. Insgesamt sollen also durch die enge organisationale Unterstützung für Unternehmen und Hochschulen beim Aufbau einer Kooperation die Transaktionskosten erheblich reduziert werden, die ansonsten prohibitiv hoch wären.

Das spezifische Know-how, die langjährigen Erfahrungen und die Kontakte der Technologieberater und Innovationsscouts dienen auf einer technisch-organisatorischen Ebene zur Etablierung von Kooperationen, insbesondere für KMU mit geringem eigenem Innovationspotenzial, und senken so die Schwelle für eine externe Kooperation.

3.3.3 Aufbau einer Innovationsakademie und Gründungsunterstützung

Ein drittes Arbeitsfeld der SNIC-Konzeption betrifft die verstärkte Ausbildung von Personen, die in Zukunft als Träger neuer Kooperationen zwischen Unternehmen, Wissenschaft und staatlichen Institutionen dienen können. In einer Innovationsakademie sollen Curricula für Unternehmensangehörige, Wissenschaftler und Studierende entworfen werden, die zu Aus- und Neugründungen von Unternehmen führen. Auf diese Weise soll das erhebliche Potenzial für Neugründungen in der Region aufgrund der mehr als 35 000 Studierenden in Südniedersachsen genutzt werden. Dieses Ausbildungskonzept soll bei allen Teilnehmern unternehmerische Qualifikationen (»Intra- und Entrepreneurship«) stärken und die bisher auf alle Hochschulen verteilten Qualifikationsangebote gebündelt anbieten. Hierbei werden neben den Curricula differenzierte Trainings für verschiedene Teilbereiche der unternehmerischen Arbeit und ein Master- und Promotionsprogramm im Bereich Entrepreneurship etabliert. Parallel zu den Lehrangeboten werden ohnehin schon Beratungen zur Existenzgründung angeboten, die jetzt durch den SNIC um Maßnahmen wie ein regionales Crowdfunding und ein »business angel«-Netzwerk ergänzt werden. Darüber hinaus werden eine Reihe verschiedener Kontaktforen aufgebaut, in denen die Kontaktaufnahme für Unternehmen, Wissenschaftler und Kapitalgeber untereinander in spezialisierten wirtschaftlichen Teilgebieten erleichtert wird. Für die Gründungsphase kann eine regionale Crowdinvesting-Plattform Startkapital verschaffen. Für die Seed-Phase braucht es in den meisten Fällen bereits starke Finanzierungspartner.

3.3.4 Koordination

Die koordinative Instanz der vielfältigen Arbeitsfelder bildet die Geschäftsstelle des SNIC, welche die zentralen Anforderungen an eine koordinierende Institution zwischen den Strängen der Triple-Helix erfüllt. Sie leistet die Sammlung, Sichtung und Weitergabe von innovationsrelevanten Informationen aus lokaler Wissenschaft und Wirtschaft und identifiziert dadurch die strategischen Potenziale der Region. Die Mitarbeiter der Geschäftsstelle erhöhen die Sichtbarkeit der regionalökonomischen Initiativen durch Öffentlichkeitsarbeit und gezielte Kontaktanbahnung mit relevanten Akteuren und bauen so ein regionsweites Netzwerk auf, das in der Folge mit den anderen Initiativen des SNIC die Innovationsdichte steigern kann. Neben den persönlichen Kontakten wird eine online-Informationsplattform gepflegt, die eine effiziente Informationsweitergabe an interessierte Dritte ermöglicht und über ein Lotsensystem Spezialisten und Ansprechpartner in verschiedenen Teilgebieten aufzeigt und vermittelt.

4. Fazit

Für Südniedersachsen wurde der geplante Aufbau einer Innovationsregion durch den systematischen Ausbau der Kooperationen zwischen den drei Sphären der Triple-Helix durch den SüdniedersachsenInnovationscampus dargestellt. Die Hochschulen sollen in dieser Planung eine aktive Rolle zur Überwindung von strukturellen Schwächen Südniedersachsens einnehmen und dabei unterstützen, durch innovative Entwicklungsimpulse die Folgen von Abwanderung und demografischem Wandel zu kompensieren. Hierfür sollen durch die Institution des SNIC eine Bündelung bisheriger rein lokaler Initiativen erreicht und neue Kooperationsstrukturen aufgebaut werden. Der im Jahr 2016 gestartete Südniedersächsische Innovationscampus kann somit als eine hybride Organisationsform im Sinne des Triple-Helix-Modells zwischen den Sphären Staat, Wirtschaft und Wissenschaft angesehen werden. Die Region Südniedersachsen kann folglich durch die Schaffung einer solchen Organisation eine engere Verschränkung der institutionellen Sphären erreichen und die daraus resultierenden Innovationsgewinne zum Ziele der Hebung der regionalen Wirtschaftskraft realisieren.

Literatur

Acs, Z., Audretsch, D.B., Feldman, M.P.: R&D spillovers and innovative activity. Managerial and Decision. In: Economics, Vol. 15 (1994), S. 131–138.

Audretsch, D.B.: From the entrepreneurial university to the university for the entrepreneurial society. In: The Journal of Technology Transfer, Vol. 39 (2014), S. 313–321.

Audretsch, D.B., Feldman, M.P.: R&D spillovers and the geography of innovation and production. In: American Economic Review, Vol. 86 (1996), S. 630–640.

Audretsch, D.B., Hülsbeck, M., Lehmann, E.E.: Regional competitiveness, university spillovers, and entrepreneurial activity. In: Small Business Economics, Vol. 39 (2012), S. 587–601.

Audretsch, D.B., Keilbach, M., Lehmann, E.E.: Entrepreneurship and economic growth. New York 2006.

Etzkowitz, H.: Innovation in innovation: the triple helix of university-industry-government relations. In: Social Science Information, Vol. 42 (2003), S. 293–337.

Etzkowitz, H., Leydesdorff, L.: The dynamics of innovation: from National Systems and »Mode 2« to a Triple Helix of university-industry-government relations. In: Research Policy, Vol. 29 (2000), S. 109–123.

Huggins, R., Johnston, A., Steffenson, R.: Universities, knowledge networks and regional policy. In: Cambridge Journal of Regions, Economy and Society 1 (2008), S. 321–340.

Hülsbeck, M., Pickavé, E.N.: Regional knowledge production as determinant of high-technology entrepreneurship: empirical evidence for Germany. In: International Entrepreneurship and Management Journal, Vol. 10 (2014), S. 121–138.

Lawton Smith, H., Leydesdorff, L.: The Triple Helix in the context of global change: dynamics and challenges. In: Prometheus, Vol. 32 (2014), S. 321–336.

Südniedersachsenstiftung (Hrsg.): Innovationsregion Südniedersachsen. Regionalökonomische Strategie. Netzwerkübergreifend, lösungsorientiert, zukunftsstark. Göttingen 2014.

Südniedersachsenstiftung u.a. (Hrsg.): Der Südniedersachsen Innovationscampus. Machbarkeitsstudie. Göttingen 2015.

Autorinnen und Autoren

Prof. Dr.-Ing. Sabine Baumgart
Technische Universität Dortmund
FG Stadt- und Raumplanung
August-Schmidt-Straße 4, 44227 Dortmund
sabine.baumgart@tu-dortmund.de

Prof. Dr. Kilian Bizer
Wirtschaftswissenschaftliche Fakultät
Universität Göttingen
Lehrstuhl für Wirtschaftspolitik und
Mittelstandsforschung
Platz der Göttinger Sieben 3,
37073 Göttingen
bizer@wiwi.uni-goettingen.de

Prof. Dr. Rainer Danielzyk
Leibnitz Universität Hannover, Institut
für Umweltplanung, Abt. Raumordnung und
Regionalentwicklung
Herrenhäuserstraße 2, 30419 Hannover
danielzyk@umwelt.uni-hannover.de

Prof. Dr. Peter Dehne
Hochschule Neubrandenburg
Fachbereich Landschaftswissenschaften
und Geomatik
Brodaer Str. 2, 17033 Neubrandenburg
dehne@hs-nb.de

Prof. Dr. Lothar Eichhorn
Landesamt für Statistik Niedersachsen
Göttinger Chaussee 76, 30453 Hannover
lothar.eichhorn@statistik.niedersachsen.de

Tanja Eichhorn
Landesamt für Statistik Niedersachsen
Göttinger Chaussee 76, 30453 Hannover
tanja.eichhorn@statistik.niedersachsen.de

Dr. Ing. Jens Hoffmann
Hochschule Neubrandenburg
Fachbereich Landschaftswissenschaften
und Geomatik
Brodaer Str. 2, 17033 Neubrandenburg
jenshoffmann@hs-nb.de

Prof. Dr. Hans-Ulrich Jung
CIMA Institut für Regionalwirtschaft GmbH
Moocksgang 5, 30169 Hannover
Jung@cima.de

Christian Kuthe
Referatsleiter Städtebau, Bauleitplanung,
Baukultur
Niedersächsisches Ministerium für
Umwelt, Energie, Bauen und Klimaschutz
Archivstraße 2, 30169 Hannover
Christian.kuthe@mu.niedersachsen.de

Klaus Mensing
CONVENT Mensing beraten planen
umsetzen
Haubachstraße 74, 22765 Hamburg
mensing@convent-mensing.de

Prof. Dr. Axel Priebs
Region Hannover
Hildesheimer Str. 20, 30169 Hannover
axel.priebs@t-online.de

Till Proeger
Wirtschaftswissenschaftliche Fakultät
Universität Göttingen
Lehrstuhl für Wirtschaftspolitik und
Mittelstandsforschung
Platz der Göttinger Sieben 3, 37073 Göttingen
Till.Proeger@wiwi.uni-goettingen.de

II | 2017

Redaktion

Annedörthe Anker
Am Weidengrund 1
38112 Braunschweig
Tel.: 0531 321832
anker-anker@t-online.de

Dr. Arno Brandt
CIMA Institut für
Regionalwirtschaft GmbH
Moocksgang 5
30169 Hannover
Tel.: 0511 22007950
brandt@cima.de

Prof. Dr. Roland Czada, Universität Osnabrück, Seminarstr. 33, 49069 Osnabrück, roland.czada@uni-osnabrueck.de

Prof. Dr. Rainer Danielzyk
Akademie für Raumforschung
und Landesplanung (ARL)
Leibniz-Forum für
Raumwissenschaften
Hohenzollernstraße 11
30161 Hannover
Tel.: 0511 3484236
danielzyk@arl-net.de

Dr. Rainer Ertel
Auf dem Emmerberge 15
30169 Hannover
u.ertel@hotmail.de

Prof. Dr. Dietrich Fürst
Westermannweg 35
30419 Hannover
Tel.: 0511 797662
dietrich.fuerst@t-online.de

1. Verbandsrätin Manuela
Hahn, Regionalverband
Großraum Braunschweig,
Frankfurter Str. 2, 38122
Braunschweig
m.hahn@zgb.de

Dr. Ansgar Hoppe
Göbelstraße 19
30163 Hannover
Tel.: 0511 7100640
ansgar.hoppe@arcor.de

Prof. Dr. Hansjörg Küster
Universität Hannover
Institut für Geobotanik
Nienburger Straße 17
30167 Hannover
Tel.: 05117623632
kuester@geobotanik.uni-hannover.de

Prof. Dr. Ingo Mose
Carl-von-Ossietzky-Universität Oldenburg
26111 Oldenburg
ingo.mose@uni-oldenburg.de

Prof. Dr. Axel Priebs
Region Hannover
Hildesheimer Str. 20
30169 Hannover
Tel.: 0511 61622565
axel.priebs@t-online.de

Prof. Dr. Ing. Dietmar Scholich
Stromeyerstr. 3
30163 Hannover
dietmar.scholich@t-online.de

Dr. Jobst Seeber
Werbachstr. 46
26121 Oldenburg
joli-seeber@t-online.de

Alexander Skubowius
Region Hannover,
Fachbereit Wirtschafts- und Beschäftigungsförderung
Haus der Wirtschaftsförderung
Vahrenwalder Straße 7
30165 Hannover
Tel.: 0511 6162354
alexander.skubowius@region-hannover.de

Die Bürgermeisterin und die Bürgermeister, die für dieses Heft einen Kommentar verfasst haben, sind über die jeweilige Stadtverwaltung erreichbar. Der frühere Hauptgeschäftsführer des Niedersächsischen Städtetages, Herr Scholz, der ebenfalls einen Kommentar verfasst hat, ist jetzt als Staatssekretär im Niedersächsischen Ministerium für Soziales, Gesundheit und Gleichstellung tätig.

Impressum

Verantwortlich für die Ausgabe: Axel Priebs und Rainer Danielzyk
Herausgegeben von der Wissenschaftlichen Gesellschaft zum Studium
Niedersachsens e. V.
Gefördert aus Mitteln des Landes Niedersachsen

© Wachholtz Verlag – Murmann Publishers, Kiel/Hamburg
© Wissenschaftliche Gesellschaft zum Studium Niedersachsens e. V., Hannover

Das Werk, einschließlich aller seiner Teile, ist urheberrechtlich geschützt. Jede Verwertung ist ohne Zustimmung des Verlags unzulässig. Das gilt insbesondere für Vervielfältigungen, Übersetzungen, Mirkoverfilmungen und die Einspeicherung in elektronischen Systemen.

Gesamtherstellung: Wachholtz Verlag
Printed in Germany

Titelbilder: Die Innenstadt in Verden. Fotos: Axel Priebs

ISBN 978-3-529-06467-8
ISSN 0342-1511

Preis pro Einzelheft: 15,00 € (D) • 15,40 € (A) • sFr 21,90

Besuchen Sie uns im Internet: www.wachholtz-verlag.de